No stage fright.
Carnegie's Charm Eloquence and S

不 怯 场

卡耐基魅力口才与
说话技巧

冠诚◎著

郑州大学出版社

图书在版编目（CIP）数据

不怯场：卡耐基魅力口才与说话技巧/冠诚著 . —
郑州：郑州大学出版社，2017.11（2019.10 重印）

ISBN 978 - 7 - 5645 - 4769 - 1

Ⅰ.①不… Ⅱ.①冠… Ⅲ.①口才学 - 通俗读物

Ⅳ.①H019 - 49

中国版本图书馆 CIP 数据核字（2017）第 220571 号

郑州大学出版社出版发行

郑州市大学路40号　　　　　　　邮政编码：450052

出版人：张功员　　　　　　　　　发行电话：0371 - 66966070

全国新华书店经销

三河市宏图印务有限公司

开本：880mm × 1230mm　1/32

印张：6

字数：192 千字

版次：2017 年 11 月第 1 版　　　印次：2019 年 10 月第 3 次印刷

书号：ISBN 978 - 7 - 5645 - 4769 - 1　定价：35.00 元

序言　口才决定成败

美国演讲协会主席　托马斯·罗维

在一个寒冷的夜晚，宾夕法尼亚饭店的舞厅里聚集了大约 2 500 名美国的杰出人士。

刚到 7 点半，舞厅内就已经座无虚席；8 点钟以后，进入舞厅的人仍然络绎不绝，而且大家的兴致都很高。没过多久，宽敞的舞厅里就已经挤满了人，人们开始抢占没有座位的空地。这些人在一天的劳累工作之后，为什么还要跑到这里来站上一两个小时呢？是什么对他们产生如此大的吸引力呢？

答案需要在当天的《纽约太阳报》上找。那天的《纽约太阳时报》上刊登了一整版的广告，内容如下：

如何快速增加你的薪水？

如何非常流利地表达你自己的意愿？

如何成为一个卓越的领导者？

这个广告的投放获得了极大的成功，虽然当时这座城市经济萧条，有将近 25% 的人处于失业状态，但是还有 2 500 人被这份特别的广告所吸引，涌向了宾夕法尼亚饭店。

要知道，到这家饭店消费的人，全都是美国的上层社会的人士，他们当中有企业管理人员、公司老板、技术人员，他们的月收入一般都在 2 000 美元至 50 000 美元之间。究竟是什么原因吸引了这些精英人士呢？

原来他们都是来听由戴尔·卡耐基研究中心主办的一场最现代、最实用的"演讲口才训练"演讲的。

为什么这 2 500 位成功人士要来听这个演讲呢？是不是因为经济危机让他们产生了求知的欲望？

显然不是！在过去的 24 年里，这样的演讲每个季度都会在纽约举办，每次都是听众爆满，演讲地点被挤得水泄不通。据统计，已经有大约 15 000 名商业界和专业技术人士接受过戴尔·卡耐基的演讲口才训练；甚至连一些规模庞大、传统而保守的公司或者组织，都专门开设了这种训练课程，以此来学习如何经营企业。如西屋电器公司、麦格劳希尔出版公司、布鲁克林联合瓦斯公司、布鲁克林商业工会、美国电器工程师协会、纽约电话公司等。

让这些在离开学校十多年，甚至二十多年的贵族人士，再来接受这种训练，对于我们的教育制度来说，显然就是一种生动的批判。

现在我们发现了一个非常严重的问题——成年人到底还需要学习些什么？为此，芝加哥大学与美国成人教育协会、美国青年会携手在全国各地举办培训学校，实施一项为期两年，耗资 25 000 美元的研究调查活动。

这项研究调查的结果表明：成年人最关心的问题是身体健康；其次是如何与他人保持较好的人际关系——例如为人处世的方法与技巧。他们既不想听那些空洞的演说，也不想听所谓的心理学方面的专业知识，他们只想学到一些立即就可以用于商业交往、为人处世、家庭生活的现实且有效的做法。

于是调查人员说："好吧！如果这就是你们非常需要的东西，那我们就为你们提供吧。"

可是他们翻遍了所有的教科书，却没找到一本关于为人处世方面的书！他们发现，迄今为止竟然还没有一个人写过关于如何解决为人处世问题的书。

这简直是太不可思议了！千百年来，关于古希腊、拉丁文和高等数学的著作层出不穷，而且内容详尽、水平极高，很多成年人对这些书不屑一顾，他们渴望获取的知识——为人处世的技巧，却没有人为他们指点迷津！

这也就是为什么会有 2 500 名杰出人士在看到了《纽约太阳报》刊登的广告后，兴致勃勃地涌进宾夕法尼亚饭店的原因。因为——他们找到了渴望已久的东西。

他们曾经在图书馆里阅读过各类书籍，以为拥有了丰富的知识就可以出人头地、走向成功。但是他们在工作了若干年之后才发现，能够成就一番事业的人、走向成功的人除了要具有大量的知识外，还要具有较强的沟通能力、说服他人的口才和善于推销自己的才能。因此他们明白了，要想在事业上取得成功，只拥有书本上学来的知识是远远不够的，强大的沟通能力和良好的自我表达能力才是真正重要的、不可或缺的东西！

《纽约太阳报》刊登的那份广告宣称：在宾夕法尼亚饭店的这次演讲不但会给来宾带来娱乐的享受，还会让来宾在愉快的听讲过程中提高为人处世的能力！事实上也确实如此。

在宾夕法尼亚饭店举行的这次演讲还请来了 15 个人，他们被请到了演讲台上。他们每个人都只有 75 秒钟的发言时间，通过麦克风向人们讲述他们的亲身体会。时间一到，主持人就会敲一下木槌，并且喊道："时间到！下一位！"

演讲现场的气氛，就像是牛群奔驰在草原上，热烈而精彩。台下的听众或者站着，或者坐着，在将近两个小时的演讲过程中一直都全神贯注，没人开小差。

在台上演讲的 15 个人，过去都是没有名气，事业也不成功的人。

他们在听过戴尔·卡耐基的为人处世的演讲之后，都成了他们那一带小有名气的成功人士；有的甚至成了美国政治舞台上举足轻重的人物。他们所从事的职业涵盖了美国商业领域的各个层面，例如连锁商店的高级职员、面包供应商、商业协会会长、银行家、卡车推销员、化妆品推销员、保险推销员、砖厂秘书、会计师、牙医、建筑师、威士忌推销员、牧师、药剂师、律师等。

在这次演讲中，第一个上台的是派特里克·奥海尔。

他出生在爱尔兰，只读过4年书，后来到了美国。他曾经做过机械师和私人司机。在奥海尔40岁的时候，家里的人口越来越多，他需要更多的钱来养家。于是，他开始推销卡车轮胎。可是，正像他自己所说的那样，他那时非常自卑，在上门推销的时候连头都不敢抬起来。他每次都要在客户门口徘徊很久，才敢敲门进去。可想而知，他的推销成绩很不理想。就在他决定放弃推销，准备去一家机械厂工作的时候，突然收到了一封信，是邀请他去听戴尔·卡耐基的演讲。

奥海尔一开始并不想去，他害怕自己不能和那些有着大学文凭的学者愉快地相处。但是他的妻子对他说：“这也许会给你带来帮助！亲爱的，上帝知道你需要什么东西。”犹豫再三，他总算鼓起了勇气，走进了演讲大厅。

在最开始试着当众讲话的时候，他的心里既害怕又紧张，有些不知所措。可是没过几个星期，他就不再害怕面对听众了，他惊喜地发现自己竟然喜欢上了演说，而且听众越多他就越有激情。在随后的日子里，即使是与陌生人进行面对面的交谈，他也不再胆怯——面对自己的顾客时也不再害怕了。

奥海尔的收入也日益增加。现在，他已经成为纽约的金牌明星推销员。这天晚上，奥海尔在宾夕法尼亚饭店的大厅里对着2 500多名听众，从容不迫地讲述着他的亲身经历和他所取得的辉煌成就。整个演讲现场，笑声和掌声此起彼伏，气氛十分热烈。可以说，奥海尔的出色表现即使是那些职业演讲家也难以与之相比！

第二位上台演讲的是银行家葛德菲·迈尔。他满头白发，已经是11个孩子的父亲了。他说他第一次演讲是在学校的班级里，当时他感到手足无措，呆呆地站在那里。而现在他却可以生动形象地讲述他的生活经历，讲述一个善于言辞、演说的人是如何走向成功的。

迈尔在华尔街的银行里工作了25年，他一直都住在新泽西的克利夫顿。在此期间，他一直都非常积极地参加一些地方性的活动，因此也结识了500多位来自不同阶层的人。

迈尔在参加卡耐基的"演讲口才训练"课程后不久，就收到了由美国国家税务局寄出的一张催税单。他认为这种税赋是非常不合理的，因此非常恼火。如果类似的事情发生在过去，迈尔最多也就是一个人待在家里发发牢骚，但是那天他却来到了镇民大会上，在几千人的面前，慷慨激昂地宣泄了他对这种不合理要求的愤恨与不满。

这次富有激情的演讲，在新泽西州克利夫顿引起了很大的轰动。当地居民们都提议让他参加镇民代表的竞选。于是在接下来的几个星期里，迈尔东奔西走，四处演讲，痛斥政府中存在的浪费和奢侈行为。当竞选结果公布出来的时候，迈尔的得票数竟然在96位候选代表中名列首位。一夜之间，迈尔成为了当地万众瞩目的明星人物。他在进行巡回演说的几个星期里，赢得了很多朋友的心，这些朋友的人数是他以前所有朋友总数的80倍。而他作为镇民代表所得到的报酬，比他以往一年的投资收入高出10倍。

第三位上台演讲的，是一位全国食品制造商协会的会长。他也讲述了他的亲身经历。

在没有参加戴尔·卡耐基"演讲口才训练"之前，他甚至都不敢在公司的董事会上发表自己的观点。然而在参加了这种口才与沟通的培训课程之后，在他身上发生了惊人的变化：他很快就被推选为全国食品制造商协会的会长，而且还经常以会长的身份在全国各地主持会议。他每次演讲的内容，都会被美联社以重点摘要的形式刊登在全美各地的报纸、杂志上。

在参加"演讲口才训练"课程两年之后，他为推广自己的公司和产品进行了一次演讲，这些免费的宣传，比他以往花25万美元进行广告宣传所获得的回报还要多。他说，他以前都不敢打电话邀请客户共进午餐，而他在演讲之后，个人的声誉如日中天，连那些社会上层人士都主动打电话邀请他一起用餐，并且为打扰和占用他的时间而表示真诚的歉意。

他无懈可击的演讲成了他名声大震的重要因素。这种特殊的能力使他成为一位令人瞩目、声望极高的人。

由此我们不难看出，一个讲话深入人心的人，往往可以赢得别人的高度评价，这种评价甚至会超出他本来的水平。

现在，"演讲口才训练"的教育活动已经遍及整个美国。而这一运动最有力的推动者，正是戴尔·卡耐基先生。因为与其他人相比，他听过、评论过的演讲不计其数。在李普莱的书《信不信由你》中曾经提到，卡耐基评论过的演讲就有15万场之多。那就是自从哥伦布发现美洲大陆以来，几乎每天都有一场演讲；或者换一种说法，所有卡耐基听过的演讲，如果每个人只讲3分钟，那么卡耐基也要夜以继日地听上整整一年。

戴尔·卡耐基充满挫折的人生经历向我们证明了一个道理，那就是一个拥有创新思维和满腔热情的人，将会取得非常伟大的成就！

卡耐基出生于密苏里州的一个小村庄，那里距离最近的铁路只有10英里的路程。可是在卡耐基12岁以前，他竟然连电车都没有见过。而当他46岁时，从香港到哈摩费斯特，他的足迹已经遍及全世界；他甚至还去了北极附近的一个地方。

这个来自密苏里州的小男孩，曾经做过每小时只有5美分酬劳的粗重农活，例如，帮别人摘草莓、割野草。而现在，他去给一家大公司的高级职员进行"演讲口才训练"，每分钟的报酬就高达 100 美元。

这个乡下孩子还曾经替别人放过牛，后来他来到了伦敦，在威尔士亲王身边工作，并且很快就显示出了他出众的语言才华。然而，最初他在众人面前进行演讲的时候，也曾经接二连三的遭遇挫折和失败。后来他又成了我的私人经纪人。我能够取得今天的成功，也主要归功于他所主持的"演讲口才训练"。

卡耐基年轻的时候，为了能够接受正规的学校教育而努力。然而他的家乡却是厄运不断：河水泛滥导致船被冲走，船与船之间经常发生冲撞而沉入河底，雨水泛滥致使庄稼颗粒无收，猪染上瘟疫全部死亡……这些厄运还都不算什么，最惨的是银行也上门逼债，要把卡耐基一家赶出家门，没收被他们抵押的房子。

于是，卡耐基的父亲只好卖掉唯一的农场，举家迁往密苏里州华伦斯堡州立师范学校附近，在那里购置了一个农场。卡耐基的家庭收入根本无法支付在镇上居住的巨额开销，只好让卡耐基每天晚上回到农场住，第二天早上再骑马去 3 英里以外的地方上学。回到家里，他还要做伐木、挤牛奶、喂猪这样的工作，夜晚来临的时候他就在油灯下学习拉丁文，直到累得连眼睛都睁不开为止。

可是，即便他在午夜才上床睡觉，他也必须将闹钟定在凌晨 3 点，那个时候他就必须起床了。因为他的父亲养殖了良种的杜杰罗西猪，幼年的猪经受不住寒冷的冬夜，必须在每天凌晨 3 点的时候喂一次热食才能够抵御严寒。所以只要闹钟一响，卡耐基就要立刻起床去给小猪喂食，然后再将它们一个个地抱回温暖的炉灶边。

在州立师范学校就读的 600 多名学生中，只有少得可怜的五六个人没有住在镇上，戴尔·卡耐基就是其中的一个。因为他每天下午都必须骑马走 3 英里的路程回到农场帮助家里人干活。他们家很穷，所以他只能穿一身非常窄小的上衣和短小的裤子去学校，这样的衣着让他感到非常难堪，并且也因此产生了严重的自卑心理。于是，他发誓一定要出人头地，一定要成为学校里受人瞩目的人。观察力极强的他很快就发现，在学校中威望很高的人往往是那些活跃在足球场和棒球场上的运动员，还有就是那些在辩论和演讲比赛中获得奖项的人。

他深知自己没有体育方面的天赋，于是决定在演讲方面做出一番成就。因此，他为一次名为"制止日本人移民美国"的演讲进行了长达几个月的准备，他利用一切时间来练习，例如，在骑马回家的路上练习、在挤牛奶的时候练习。有一次，他爬上一个大草堆，手舞足蹈地大声演讲，因此惊飞了附近所有的鸟群。

然而，虽然他每次参加演讲比赛都做了充分的准备，但还是屡屡遭受失败的打击。当时，年仅 18 岁的他，正处于人生中最敏感、情绪波动最大的阶段。他为自己的付出而没有取得任何收获感到失望，甚至想到了死。但是随后发生的事情使一切都出现了可喜的变化——他开始在演讲比赛中取得胜利，到后来，几乎每次演讲比赛他都能够获得第一，连那些曾经指导过他的同学都输给了他。

大学毕业以后，卡耐基开始在内布拉斯加州西部和怀俄明州的东部地区给人们上函授课程。他虽然始终保持着饱满的激情与活力，但是在事业上却没有取得丝毫的进展。他非常失望和灰心，有一次竟然躺在宾馆的床上失声痛哭。

他梦想着回到原来的学校，重新过着学生时代的生活，他渴望摆脱冷酷无情的现实生活。但这又谈何容易！于是他决定放弃教书的工作，去奥马哈拓展一份新的事业。但是，可怜的他竟然连买火车票的钱都没有，只好和一个货车司机进行交易，条件是他要为对方喂养两车厢的野马，这样他就可以免费搭乘货车前往奥哈马了。到达目的地之后，他找到了一份推销咸肉、肥皂和猪油的工作。他所负责的销售区域经济很不发达，所以，这些奢侈的生活用品很难推销出去。在推销的过程中他一会儿搭货车，一会儿坐马车，有的时候甚至还要自己骑马，每当夜幕降临的时候他就只能睡在简陋的旅馆中——这种旅馆的房间仅仅是用一块薄布隔开来的。然而他却能吃苦耐劳，一有空闲他就开始阅读推销方面的书籍，从中学习推销和收款的方法。例如，当一家卖鞋的客户没有钱支付货款的时候，他就从这家店铺中收取了同等价值的鞋，然后又把它卖给了铁路局里需要它的人，再把获得的钱寄给公司。

辞职之后，卡耐基来到纽约，回到了他梦寐以求的学生时代——在美国戏剧艺术学院学习，而且还扮演过《剧团的宝丽》中的哈里特博士。但是很快他就发现他并不具备演戏的天分。于是，他又重新做起了推销的工作。不过这次是为派克公司推销卡车。

但是卡耐基完全没有机械方面的知识，对此也没有丝毫的兴趣。他的生活没有激情，没有快乐，并且每天还不得不强迫自己去推销卡车。他希望有大量的时间去读书，能够把他在师范学校读书时就想写的书写出来。于是，他放弃了推销的工作，开始了枯燥乏味的写作生涯，他的生活开销仅仅依靠在夜校教书的收入来维持。

他在夜校究竟教授的是什么课程呢？原来当他回顾过去的时候，发现自己在大学时代为了参与演讲比赛所进行的训练和学习到的经验给他带来了信心和勇气，让他可以非常沉着冷静地应对一切挑战，这比大学里任何一门课程所带来的影响都要深远。于是他试图说服纽约青年基督教协会，使他有机会为当地商界人士开设一门如何演讲的课程。

什么？让商人成为演讲高手？这简直太荒谬了、太不可思议了！学校非常清楚这样做的结果是什么，因为他们以前也曾经开设过类似这样的辅导课程，可惜没有一次成功。不过在卡耐基的极力说服下学校总算是同意了，但是提出了一个非常苛刻的条件：拒绝向他支付固定的酬劳。卡耐基同意按照学校开课所得到利润的一定比例来支付佣金，如果真的有利润的话。结果，卡耐基在为期3年的教授过程中，每天晚上开课所赚到的佣金是3美元，比原来固定的酬劳还要高出一美元。

　　慕名而来参加"演讲口才训练"的人越来越多，并且逐渐在其他城市的青年基督会也有了名气。不久，戴尔·卡耐基就受邀进行巡回演讲，他也成了一名享有盛誉的"演讲口才训练"导师。他频繁的穿梭于纽约、费城、巴尔的摩之间，然后又前往伦敦和巴黎。

　　前来上课的商界人士都抱着一个相同的想法，以往口才训练的教科书纯粹是纸上谈兵，根本没有任何实用价值！因此卡耐基静下心来，认真思考这个问题，根据自己丰富的推销经验和深刻体会，成功地创作了一本非常实用的书籍——《口才的艺术》。它成功地进入了所有青年基督会、美国银行联合会，以及全国信托协会的正式教材行列。

　　戴尔·卡耐基曾经说过：任何一个人一旦被激怒，那么他的语言都会变得非常流畅。他曾经做过一个假设，如果你在镇上无缘无故被人一拳打倒在地，那么即使是最笨嘴笨舌的人，也肯定会立即站起来与你理论一番，这时他语言的流畅性、思维的敏捷程度丝毫不亚于第一流的演讲家。他认为，任何一个人，只要他具备了足够的自信心，而且有强烈的表达内心想法的冲动，那么他的语言就一定会深入人心、准确到位。

　　卡耐基认为，培养自信的最佳方式，就是去做你从来都不敢做的事情，甚至是连想都不敢想的事情，从而获得成功的经验和喜悦。因此，他在每次授课的时候，会想尽一切办法让每一个人都开口说话。很多前来听课的人都有相同困扰，那就是不敢开口说话，在这种情况下，他们从来都不会相互取笑，只会给彼此更多的鼓励。在卡耐基耐心的训练指导下，他们逐渐培养出了勇气、信心和热忱，并将这些内在精神融入他们的语言当中。

　　戴尔·卡耐基所开设的这门课程并不是单纯的演讲课，这门课程最主要的作用还是帮助人们克服恐惧的心理、培养自信和勇气。很多

　　来参加这门课程培训的商界人士，已经有将近 30 年没有进过教室了，他们当中的大多数人都是抱着一种试试看的心态来参加培训的，他们以分期付款的方式向卡耐基交付学费——因为他们希望在很短的时间内就获得实效，而且在学习的第二天就能够在商业谈判或者当众演说中使用。

　　因此，卡耐基必须采用快速实效的授课方式。结果，他抛开各种呆板规则的束缚，运用多年来积累的工作、授课经验开创了一套独特的，融演讲、推销、为人处世和实用心理学于一体的非常实用的而且颇有意义的教育方式。这门课程是十分有效的，因此也就受到了各个阶层人士的青睐。有的人竟然开上 100 多英里的车，专程赶来听他的课；甚至还有人为了听他的课，每周都要从芝加哥不辞辛劳地赶往纽约上课。

　　哈佛大学著名教授威廉·詹姆斯说，一个人的潜能在通常情况下只开发出了 1/10。戴尔·卡耐基所开设的这门课程，非常有效的帮助商界人士发挥出了他们更多的潜能。他也因此享誉全世界，人们都说"除了自由女神以外，或许只有戴尔·卡耐基才最能够代表美国"。

目　录

第一章
勇敢地进行你的演讲

当一个人面对听众时，如果他没有想清楚自己所要讲的话，那么，他自己就会感到很不踏实。在这种情形下，演讲者也会十分紧张，懊悔自己没有做好充分的准备，为自己的粗心大意感到羞愧。

自 1912 年以来，我公共演讲课程的学员已经达到了 50 多万人。当然，我的公共演讲理论和方法都蕴涵在这些课程之中，并且很多学员都来信说明他们为什么要参加这一课程，以及渴望从中获得些什么。这些信件中的主要内容和基本要求竟然惊人的一致，而且不止一个人这样写道："当我站起来准备说话时，我变得很小心，而且十分紧张，导致思维混乱、表达无力，不知道自己要说些什么。我想信心满腹、泰然自若以及拥有自主思考的能力。无论是在生意场上，还是在俱乐部里或者是在公众面前，我希望我的思维能够合乎逻辑地组合起来并清晰地、令人信服地表达出来。"

这使我不经意地想起了一件往事：

许多年前，我在费城举办了一个公共演讲班，班上有一位名叫根特的绅士。开学不久，我就应邀同他一起在"制造业工人之家俱乐部"吃了午餐。他是一个生活态度非常积极乐观的中年人：他不仅为自己的事业奔波操劳，而且还踊跃地参与教会工作以及社区活动。我们一边吃饭一边聊天。他感慨地对我说："从前，我多次被邀请在公众场合讲话，可是我从来不敢尝试。因为一想到要面对台下那么多人，我就紧张地说不出话来，大脑也是一片空白。所以，我总是尽量避免出席这样的场合。可是，现在我当上了大学董事会的主席，我必须要经常主持会议，做一些发言……你看像我这样的年纪来学习演讲，是不是有点晚了呢？"

我鼓励他说："根特先生，学习是无所谓早晚的。但对于学习结果是否成功，这个问题我就不能回答你了，因为它取决于你自己的努力。只要你采用正确的方法，加上持之以恒的努力，我想你就会成功。"

他希望将来的发展就像我说的那样，但又担心那是一种太过乐观的估计。于是，他半信半疑地问我："我真的可以做到吗？你是出于好心安慰我才这么说的吧？"

培训班结束之后的很长时间里，我们失去了联系。后来有一天，我们在当初吃午餐的地方巧遇。我问他之前我的说法是不是过于乐观了，这席话令他想到了那时我们的谈话内容。这时他递给我一个笔记本，我看到上面记录着他的各种演讲计划。他坦诚地对我说:"讲话的能力以及在演讲过程中所感受到的快乐,还有我能够为社区的人们带来其他的服务,这些都是我生命中最满意的事情。"

根特先生告诉我,前几天,华盛顿举行了一个很重要的裁军会议。在事先得知英国首相准备参加这个会议后,费城的漫礼会教徒们纷纷拍电报邀请根特到他们城市举行的大型群众集会上做一场演讲。并且,根特先生还告诉我,他是从费城所有的漫礼会教徒中被挑选出来向公众介绍英国首相的人!

根特先生今天在演讲能力上的进步算得上是超凡的吗?绝对不是,我们有很多类似的例子可以说明这一点,例如下面这个事例:

几年前,布鲁克林有一名医生,我们都叫他克蒂斯博士。有一段时间,他在佛罗里达州的"巨人"训练场避寒。因为他是一个热情的棒球迷,所以他经常去看"巨人"队员们的训练,不久就与队员们十分熟悉了。于是,有一天,他应邀参加了一场球队组织的宴会。

在服务员端上咖啡和果仁之后,几位有名气的客人纷纷发表了演说。突然,宴会司仪热情地说:"今晚,在我们的客人中还有一位医生,他就是克蒂斯博士,现在我要邀请他站起来为我们的棒球选手的健康讲几句话。"

克蒂斯博士对于健康方面的知识有准备吗?当然有准备,并且他还有着世界上最充分的准备:因为他已经花费了三十多年的时间来研究卫生学,并进行药物实践。所以,对于这个话题,他能够坐在凳子上滔滔不绝地讲上一整夜。可是,现在要站起来面对这么多听众发言,克蒂斯博士感到无能为力。一想到这个事情,他就心跳加速。在克蒂斯博士的日常生活中,他从来没有做过公众演讲,而现在,他只想逃得远远的。

那么他到底该怎样做呢?观众们在鼓掌,所有人的目光都集中在他的身上,克蒂斯博士摇摇头,但他的举动使观众的掌声更加热烈了。"克蒂斯博士!请发言!请发言!"叫喊声变得越来越大。

克蒂斯博士知道，如果上台发言，结果必然会失败，因为他说不出几句话。最后，这个无比尴尬和羞愧的人，竟然一言不发地站了起来，默默地离开了房间。

回到布鲁克林后，克蒂斯博士做的第一件事情就是加入我的公众演讲课程。因为他不想再次陷入那种尴尬的境地。

事实上，他具有无限的热情，急切地盼望着自己能够当众讲话，而且丝毫没有要走捷径的意思。他总是十分充分地准备着自己的演讲作业，并坚持练习，而且他从未错过任何一节课。

两个月后，他成了群体中最耀眼的演讲明星。很快，他就接到了很多去各地演讲的邀请函。现在，他坦言自己十分喜欢演讲过程中的快乐和激情，感激演讲使自己成为一个卓越的人，也感谢演讲使他认识了许多朋友。

当我们面对众人讲话时，获得自信与勇气，以及沉着、清晰思考能力的难度其实不及绝大多数人想象的十分之一。因为这种才能并不是上帝赐予极少数有天赋的人的礼物，而它就像打高尔夫球，只要充满热情，任何人都能培养出这种潜能。

难道直接面对听众是使你无法较好地思考的主要原因吗？当然，你并不这样认为。其实，当我们面对众人时，你应该可以思考得更好，因为在场的观众，会更加刺激和提升你的思维水平。许多演说家都认为，听众是对自己的一种激励，以及为自己带来灵感。他们能够令演讲者的思维更加清晰、大脑更加敏锐地运转。

我们认为，经过一段时间的培训与练习，你的恐惧心理会基本消除，同时它们还会给你带来自信，以及伴随自信的勇气。不要一味地认为克服盲目的恐惧感和紧张感比登天还难，因为，即便是那些同时代的佼佼者，在其最初的演讲道路上，也一定被恐惧感和紧张感折磨过。

回顾了众多演讲者成长的经历后，每当我看到学员们在最初时表现得不安和焦虑，我都感到很庆幸。

如果你所面对的只是数十人的商业性的会议，那么你的讲话也应该紧张兴奋起来，就像一匹训练有素、纵横驰骋的骏马一样。两千年前，永垂不朽的西塞罗说过：所有真正伟大的公众演讲者都拥有一个鲜明的特点，那就是情绪上的紧张与兴奋。

即使演讲者面对的是无线电通信装置，讲起话来也会有同样的经历，我们将此称之为"麦克风恐惧症"。

著名电影演员兼导演詹姆斯·凯克伍德就有过类似这样的经历。他曾经是演说舞台上的一颗明星；而当他在无线电工作室里面对着麦克风发表完演说时，却出了一身的冷汗。他坦言："即使在百老汇发表演说都不会令我如此紧张。"

演讲开始前，许多人都会非常紧张，即使他们经常做一些演说。但演讲开始后不久，这种紧张感就会消失，演讲者也就慢慢地表现出了良好的演讲能力和现场情绪控制能力。

著名的演说家、美国前总统林肯，也在最初几次演说中局促不安。他的法律合伙人对此有这样的描述："演讲前，林肯总会紧张、手足无措，对他来说，使自己适应周围的环境似乎是一件很棘手的事情。但他也试图改变这种过分的胆怯和不安，可往往适得其反。我多次见证过这种时刻，所以十分同情他的处境。当他开始演讲时，我能够清楚地听出他那发颤的嗓音，时常还伴随着一种刺耳、令人不悦的声音。他的举止、神情，那张没有光泽、干皱着的脸，他摆出的古怪姿势，以及那小心翼翼的动作——所有这些好像对他的演讲并没有什么帮助，但这种情况仅持续了一小段时间。"经历了几次类似的演讲后，林肯上台再也没有紧张不安的情绪了，而是充满了热忱和激情，可以说，他真正的演说已经拉开了序幕。

或许你有着和林肯十分相似的经历。为使自己成为一名成功的公众演说者，你所要做的就是：放轻松，勇敢地开始你充满热忱和激情的演讲。

尽量轻装上阵，绝不轻言放弃

这一点的重要性是超出你的想象的。如果教员能够深入你的内心世界，并准确地洞察出你的愿望强度，那么，他几乎就可以预测出你将取得进步的速度。假如你的愿望苍白无力，又没有奋斗的热情，那么你必然不会有什么进步。但假如你能够持之以恒地为自己的目标奋斗，脚踏实地，就像追逐猫的牛头犬那样。那么，世上也就没有什么能跑过你、阻碍你了。

因此，你要激发出这种自学的热情，弄清楚演讲所带来的益处。你应该知道，面对公众，令他们大加称赞的演讲背后，你所需要的自信和能力意味着什么——无论在金钱、地位、交友方面，还是在提升个人影响力方面。同时，演讲可以快速赋予你领导地位，而且它会比你想到的其他所有活动都要有效得多。

几乎所有的受教育者都希望获得演讲的才能。在安德鲁·卡耐基去世后，人们在他的著作中发现了一份他在三十二岁时为自己制订的人生规划。那时，他认为，两年后自己的生意会每年获利五万美金；所以他计划在他三十五岁时到哈佛大学接受完整的教育，也就是"专心研究公众演讲"。

怀着一种演讲能够带来无限幸福与快乐的美好憧憬，我周游了整个世界，拥有了丰富多彩的经历。但是，对于获得彻底的、永恒的满足感来说，没有什么事情能够和与公众面对面，让他们跟随你的思想一起思考相媲美。这种满足感可以给你带来力量，以及获得成功的自豪感，让你有一种人上人的感觉。在这种感受中，好像蕴藏着一股魔力和永恒的激动。一位演讲家曾坦言："在我演讲的前两分钟，我宁愿被人鞭打都不愿意开始；但在我结束演讲的前两分钟，只有子弹才能让我闭上嘴。"

在前进的旅程中，往往有一些人因为一点困难而灰心失望，甚至放弃；所以，你最好思考一下，对你而言，这种技能有什么意义。因为你要自始至终保持一种旺盛的热情，直至到达成功的彼岸。换句话说，就是要做到尽量轻装上阵，绝不能轻言放弃。

当恺撒率领着他的大军渡过海峡，站在英格兰的土地上时，你知道他是如何确保军队胜利的吗？当时他做了一件聪明绝顶的事：他命令军队全部站在多佛港口的悬崖边上，然后看着脚下二百英尺处被烧掉的所有船只。在敌人的国度里，在连接陆地的最后一个链环的消失以及最后一艘撤退工具的烧尽，他们要做的只有一件事情——前进和胜利。而这也正是他们后来做到的事情。

这被称作是不朽的恺撒精神。那么，在这场消灭公众愚昧的恐惧的斗争中，你为什么不去拥有这份精神呢？

想清楚自己所要讲的话

当一个人面对听众时，如果他没有想清楚自己所要讲的话，那么，他就会感到很不踏实。在这种情形下，演讲者会十分紧张，懊悔自己没有做好充分的准备，为自己的粗心大意感到羞愧。

美国第26任总统西奥多·罗斯福在自传中这样写道：

"1881年秋，我荣幸地被选进了议会，成了这个群体中年纪最小的一员。与其他年轻且没有经验的成员一样，当我第一次发表演说时就遇到了一个巨大的障碍。当时，一位精明的乡村老夫的忠告让我获益匪浅。

"他给我的忠告是：'当你感到有话想说，并且很清楚自己要说些什么时，你就要站起来把你要说的话说出来，然后再坐下。'"

事实上，这位"精明的乡村老夫"还应该告诉罗斯福另一种快速消除紧张的方法：在公众面前做一些体力活动——假如你想向公众展示一些东西，或要在黑板上写几个字，或在地图上指出什么地方，或搬动一下桌子、推开一扇窗，抑或移动一下书籍和文件——所有这些有一定目的性的行为都会让你感到轻松些。

当然，我们很难找出做这些事情的理由；而这也只是一个建议，还是要视每个人自身的情况而定。但是，不管怎样，这个方法还应限制在最初的几次演讲中。就像一个孩子，只要学会了走路就不能再扶椅子一样。

自信地将你要说的话说出来

美国心理学家威廉·詹姆斯曾写过这样一段话：

"从表面看，行动似乎发生在感觉之后，但事实上，两者是相伴发生的；通过对行动的控制——行动是在更直接的意志的控制下进行的，我们又可以间接地控制感觉，而感觉并不是受控于意志。

"因此，当我们自己感到不快乐时，重新获得快乐的最主要途径就是挺直腰杆，装出一种很快乐的样子去做事或说话。假如这样做都不会令你感到快乐的话，那么，也就没有什么东西会让你快乐了。

"所以，我们要敢于去想、去做，充分发挥我们意志的作用，因为勇气可以代替恐惧。"

按照詹姆斯教授的观点，在你面对公众时，可以通过自信增加自己的勇气。当然，假如你在演讲之前没有充分的准备，任何技巧都无济于事。只要你对要讲的东西了然于胸，那么，演讲前最好用半分钟时间做深呼吸，因为增加的这些氧气可以令你振奋，给你勇气。伟大的男高音歌唱家琼·罗斯柯曾经说过，深呼吸对抑制并消除紧张情绪很有帮助。

无论何时何地，人们都会崇尚勇敢，所以，不管你的内心世界曾遭受了怎样的重创，你都应该勇敢地大步向前，坚强、自信地伫立在别人面前，勇敢地进行你的演讲。

演讲时，你要挺直腰杆，直视你的听众，流利、自信将你要说的话说出来。你可以想象着他们就是欠你钱的人，他们聚集在一起就是请求你宽限还钱的期限。这种心理作用一定会有利于你的演讲。但在演讲时，千万不要把你的衣服纽扣解开，也不能随意地玩弄珠子类的饰物，更不能乱摸东西。如果你必须做一些动作缓解紧张的话，那么你可以把手背到身后，捻动手指或者扭动脚指头，而这些动作不会被人看到。

通常情况下，演讲者不应该站在器具的后面；但在最初几次的演讲中，你可以站在桌子或椅子的后面，当你紧张时，可以紧紧地抓住它们，这样一来会给你带来一些勇气。

美国前总统西奥多·罗斯福在自传里坦言："以前，我是一个体弱多病、行动笨拙的男孩。长大后，当我第一次面对众人发表演说时，我突然感到非常紧张，而且很怀疑自己的才能。于是，我开始锤炼自己，无论是在身体方面，还是在精神方面。"

他写道：

"孩提时，我曾读到过马里亚特的一篇文章。从此，这篇文章就深深地烙在了我的心里。

"在这篇文章里，几艘小型英国军舰的舰长向这位英雄解释了如何获得无畏的品质。他说道，任何人在开始行动前都会紧张，但行动却要求我们控制自己的情绪，并使自己无畏地继续行动。当这种情况持续一段时间后，故作的无畏就会渐渐被真正的无畏所代替。那时，凭借着这种无畏的精神训练，当你不再紧张时，就说明你真的无所畏惧了。

"而这就是我恪守自律的方法。最初，我害怕很多东西，从灰熊、烈马到持枪的歹徒……但通过这种无畏的训练，恐惧心理逐渐消失了。如果你们也选择了这种方法，那么，我相信你们也会和我一样。

"'战争中，最好的防守就是进攻。'这是马歇尔·富希说过的较经典的话。的确，我们应该向自己的恐惧感发起进攻。无论什么情况，都要勇敢地以大无畏的精神去发现它们，与它们做斗争，并最终将它们克服掉。

"现在，握住一份信息单，然后将自己想象成是一个西部联盟的男孩，你的任务就是传递这份消息。我们只是漫不经心地看着你，而你却要把这份消息传递给我们。所以你要全身心地投入到这项任务中，做到对这个消息非常熟悉，并且从感情上接受它。这样一来，很快你就会驾驭这种场合，从而驾驭你自己。"

练习！练习！再练习

最后一点则是我们要重点强调的部分。哪怕你将前面几方面都忘记了，也千万要记住这一点：演讲中，培养自信的最首要、最有效、永远灵验的方法就是——开口讲。其实，培养自信的最必要因素就是：练习！练习！再练习！这是一切方法的先决条件，"如果没有它，那么什么都只是空谈"。

罗斯沃尔特告诫人们："初学演讲的人，很容易犯'狂热症'。""狂热症"是一种在特殊情况下极度兴奋的症状，它完全有别于羞涩。当演讲者首次面对众多听众，或第一次遇到自己的同性对手，或者和别人吵架时，都会感染这种情绪。所以，这种类型的演讲者即使充满勇气，却缺乏对情绪的控制能力，不知如何保持冷静的头脑。演讲者必须经过习惯和自控方面的不断练习，才能做到完全的自我控制。假如演讲者们能够利用每次锻炼的机会，从中吸取一些有益的东西，那么，他必然会在不久的将来获得成功。

你想把这种公众恐惧心理彻底消除掉吗？那么，我们首先就要弄清楚它产生的原因是什么。

罗宾逊教授曾在《思想的来源》一文中提道："之所以会产生恐惧心理，是因为演讲者对所要讲的内容无知或不确定。"简单地说就是：对自己缺乏信心。

那么，导致这种情况发生的原因是什么呢？这是因为你并不了解自己实际上能做什么，而且不知道限制你能力的就是经验——你缺乏经验。但是一旦你获得了成功，拥有了成功的经验，那么这种恐惧感就会自动消失得无影无踪了。

有一点我们是十分确定的：只有亲自下水才能学会游泳。当你读完这本书后，你就可以放下它开始实践了。

在实践前，你应该先选择一个自己喜欢且较为了解的主题，组织一个三分钟的演讲。然后，反复练习。若有条件，就勇敢地去面对一群想听你演讲的人，或者在你的朋友面前，竭尽全力将你的才华展示出来。

第二章
演讲前的准备工作

我曾经培训过很多推销员、调查员、演示法教学者。在他们推销商品前，必然要对自己的商品十分了解，可是，他们中的绝大多数人却丝毫没有注意到这一方面的重要性，这也是他们最主要的缺陷。

从 1912 年开始，我每年都要听大约 50 场演说，并且会对每一场演说做出评论，这不仅成了我的职业责任，而且还为我带来了快乐。这些演说者并不是什么大学生，而是一些成年的商人。如果说这种经历留给了我不同寻常的印记，那就是：演讲前的精心准备，对演讲内容的确切把握，演讲所具备的震撼力及其清楚透彻的语言，对于演讲者来说是极为必要的。演讲过程中，你会感觉到演说家正在与你进行心与心的交流，而这也正是演讲的奥妙之处。

一场精心准备的演讲等同于踏进了成功的大门，只差一步，便可以跨进胜利的殿堂。

大多数人都需要进行一番演讲准备的训练，这也是演讲最首要的一点，许多人都会犯一个致命的错误——忽视演讲前的准备工作。就像上战场的士兵，如果带着被打湿的火药、空的炮弹壳，甚至一点弹药都没带，却又妄想消灭全部敌人，这岂不是一种奢求吗？毫无准备的演讲，即使是私下里存在的一点点疑问，当被置于公众面前时，都会变得迥然不同。

那么，我们为何不认真地准备自己的演讲呢？或许有人会说，我自己并不清楚准备工作是怎么一回事，也不知道应该怎样正确地准备，还有人说没有时间去做准备。对于这些问题，我们将在这一章节里进行讨论。

自主演讲的开端

演讲前的准备工作有哪些呢？阅读大量的书籍仅仅是其中的一种方法，但它不是最佳途径。假如演讲者试图将书中的"成品"思想作为自己所有并迅速地表达出来，那么这里面似乎缺少了什么。也许，听众不能准确地指出这种演讲所缺乏的东西，但演讲者必然不会获得听众的热烈响应。

下面让我们通过一个例子来证明这一点：

前不久，我为纽约市银行的高级官员讲授了一堂公共演讲课。当然，他们的时间都安排得特别紧，所以他们发现，要想在演讲前做精心的准备，或者，按自己构想的那样去准备，并不是一件容易的事。日常生活中，他们都会从自己的思想出发去思考问题，从而形成了一种自己的判断，能够根据自己独特的视角和生活阅历去看待事物。因此，在这种习惯下，他们数十年如一日地积累着演讲的材料和经验，但他们自己却很难认识到这一点，常常是一叶障目。

这群学员的训练时间通常是在周五晚上的五点至七点。有一次，我们指定一位在城镇银行工作的男士杰克逊先生做一次发言。当晚，他在报亭买了一本《福布斯杂志》，从中找到了一篇文章，名为《你仅仅有十年的时间取得成功》。事实上，他的兴趣并不在这篇文章上，但为了找到一个话题应付此次演讲，他不得不这样做。

一个小时之后，杰克逊上台发言了。不言而喻，他自然是希望自己能够将这篇文章令人信服而饶有兴趣地讲述给大家。

显然，杰克逊并没有充分消化和吸收这次演讲的内容，他所做的仅仅是复述原文，所以，在演讲过程中，也没有体现出自己所具备的真正的东西。

所以，针对这种情形，我发表了自己的看法："亲爱的杰克逊先生，我们对文章的作者并不感兴趣，因为他不在我们身边，而我们也无缘与之探讨。我们所感兴趣的是你本人以及你自己的观点，请说出你的思想，不要人云亦云。在演讲中，你所要展示的是你自己的东西。所以我建议你下周重新以这个题目为话题，发表演说。你可以反复阅读这篇文章，然后弄清楚自己是否真的同意这篇文章的观点。若同意，你就要用自己的经历加以证明；如果不同意，也要用实事求是的态度说出你反对的理由。但愿这篇文章能够成为你自主演讲的开端。"

杰克逊先生认真听取了我的这个建议，重新阅读了这篇文章。后来，他发现自己真的与这个作者的观点不同。

没过多久，当杰克逊再一次以这个主题发表演说时，他有了自己的真知灼见，就像拥有了属于自己的矿藏和财富一样，阐发了与作者不同的观点。因而，他的演讲自始至终都不是复述。有时，意见相左可以说是对演讲者的最大激励。

同一个人，两周之内，就同一个主题做出了截然不同的演讲，这是多么不可思议啊，但这却是正确的准备使然！

现在，我们再来看一个例子，从中可以体会到，演讲前准备与否将会产生哪些不同的效果。

弗兰先生是华盛顿特区公共演讲班的一名学员。一天下午，他要进行一场赞美首都的演讲。演讲前，他只是在未加思考的情况下匆忙地搜集了一点事实材料，而这些材料是从哪来的呢？它们都来源于一家报社发行的压缩本小册子。而这上面的事实听起来都十分干涩、生硬，且没有一点逻辑性。再加上他对这个演讲主题准备不够充分，因此，他很难调动自己的激情。他自己都认为这场演讲没有多少意义可言，整个过程都平淡、乏味。

又过了两个星期，有一件事使弗兰颇为触动：在公共停车场，他的车被偷了。于是他立刻飞奔到警察局报案，并且许诺破案后必有重谢，但这些都是徒劳无功的。警员们坦诚地说，处理这种案件，几乎是不可能的。然而，一个星期前，这些人还在街上闲逛，手里拿着粉笔，因为弗兰先生停车超时十五分钟而给了他一张罚单。

想到这里，弗兰先生被这些整日繁忙而又无暇抓捕犯罪的"粉笔警察"激怒了。他开始愤愤不平起来，他有话要说，而这些话并不是报社印刷的小册子上的语言，而是从他那活生生的生活经历中流露出来的。

这是人们真实生活的一部分，它真正将弗兰先生的感情和信念唤醒了。在对华盛顿溢满赞誉之词的演讲中，虽然弗兰的言语并不怎么顺畅，可现在，他只需从自身的角度出发，有感而发、直抒胸臆，对警察的怨言可以喷涌而出，就像处于活跃期的维苏威火山那样。

这样的演讲基本上不会失败，因为它是经历与感悟的完美结合。

一份伟大的演说辞的诞生过程

演讲前的准备工作究竟是什么呢？它是一种结合，是将你的个人思想、观点、信念和冲动结合在一起。日常生活中，我们都拥有这些思想和冲动，它们构建了我们完整的人生。但是，它们就像海岸上沉睡的卵石，总是沉睡在我们的潜意识中。准备就是一种沉思、回忆，选择一个对你最有吸引力的东西，然后加以润色、加工，使它们浑然一体，成为属于你的完美工艺。或许，这听上去是一件很困难的事情，但事实上它是很简单的。你只需要聚精会神地思索片刻即可做到。

葛底斯堡演说是美国前总统林肯最著名的演说，也是美国历史上被人引用最多的演说。1863 年 11 月 19 日，林肯在宾夕法尼亚州的葛底斯堡的国家公墓揭幕式上发表了此次演说，哀悼在长达五个半月的葛底斯堡之役中阵亡的将士。尽管这场演说名垂青史，声震寰宇，其确切之措辞却颇受争议。

当时，林肯受邀发表演讲时，一共只有两个星期的准备时间。他没有多想，只是马上开始了准备工作。之后的几天里，无论往返于白宫和战争指挥室，还是仰躺在战争指挥室的皮睡椅上等待最新的战报，林肯都沉浸在对自己的演讲的思考之中。他将大致的演讲内容写在了一张纸上，然后像平时一样将它放在了高顶丝帽的顶端，随身携带。林肯没有停止思索，很快他的演讲词就定型了。就在演讲前的最后一个周末，林肯对诺阿·布鲁克斯说："演讲稿写得还不够准确，无论从哪个角度来说，都没有达到尽善尽美。事实上，我已经重写了好多次，因此，我只能再仔细琢磨琢磨，直至让人满意。"

在献辞演说的前一夜，林肯来到葛底斯堡。此时的小镇已经人山人海。平时，这个地区大约有 1300 人，可现在，竟然猛增到 15000 人，甚至人行道上都显得拥挤不堪，通行受阻，所以人们只能站在肮脏的街道两侧。当晚，林肯又利用剩余的时间将演讲再一次斟酌了一遍。甚至，他又到了隔壁塞沃德秘书的房间，大声朗读自己的演讲稿以征求意见。

第二天吃过早饭，林肯又开始研究这份讲稿了，直到一阵轻微的敲门声提醒他该加入队列了他才停了下来。在队伍中，卡尔上校骑着马紧跟在林肯身后，他告诉我们："队伍刚前进时，总统先生总是笔直地坐在马背上，看其背景就像一个军队的首席指挥官；但是在队伍行进过程中，他的身体就会向前倾，胳膊也松软地下垂着，头也弯了下来，一看就知道他又沉浸在了思考中。"

林肯不断地研究、反省、思考，力争使自己的演讲能够让听众更容易理解和接受。他曾经说过，宁愿每天做一场新的演讲，也不愿意天天重复那些不变的话。也正是由于这个目标，他的思想才能日益扩展。

在林肯进入白宫之前，他曾复印了一份宪法和三份演说辞。带着这几件东西，他把自己锁进了一间布满灰尘的房子——那是一间废弃多年的房子，位于春田田径场一家商店的楼上，在那里，在远离外人干扰的情况下，一份伟大的就职演说诞生了。

预先确定演讲主题

在平时的练习中，你应该找哪些主题进行演讲呢？事实上，只要是你感兴趣的材料，都可以作为演讲的主题。在一篇简短的讲话中，最忌讳插入很多话题，这样容易犯演讲的通病。只需针对一个主题，然后从一二个方面进行充分的阐述就可以了。

当你预先确定好一个演讲主题后，你就会在闲暇时间思考它。无论白天还是黑夜，无论上班还是早晨刮脸；无论是洗澡，还是骑车；无论是等电梯，还是等午饭；无论是候邀时，还是准备晚餐，都要把它请进你的大脑。哪怕是你和朋友聊天时，都要记得将它当作你们的一个话题。

同时，我们也要扪心自问一些与演讲主题有关的问题，例如你想就为何学习演讲谈谈自己的看法，那么，你就要先问自己几个问题：第一，我的演讲有什么困难？我想通过这种演讲获得什么？在此之前我有做过公共演讲吗？我是否认识一些自信心十足，又具备令人信服的演讲能力，并且在商业或政途上必然大有作为的人？我认识那些在这方面较差，或许永远都不能获得成功的人吗？值得一提的是，当你谈到这些人时，最好不要使用人家的真实姓名。

刚开始演讲时，如果你能够做到思维清晰、言语顺畅长达两三分钟之久的话，那真是难能可贵啊！例如，你为什么学习演讲这种话题，应该说是相对简单的。因为对于任何人来说，这都是显而易见的。只要你能够很好地利用时间，将材料组织好，那么你就会轻易将它们记诵下来。毕竟，你的演讲是在自己的观察、愿望和经历下进行的。

如果你已经确定了演讲主题——你的工作，那么，你该怎样准备呢？现在，你已经拥有了翔实的材料，合理的选择材料并加以组织则成了你的首要任务。在一个仅有三分钟的演讲里，你根本做不到面面俱到，这样做也不好，因为这样一来会使你的演讲显得笼统、流于形式。所以你应该抓住主题的某一个方面，然后对此进行扩展和深化的说明。例如，就上面提到的这个话题，我们就可以这样阐释：当初你是如何选择了这项工作？这是偶然还是出于你的深思熟虑呢？事实上，我们能够将自己生活中蕴含的真理用一种谦虚、不自大的语气娓娓道来，那是令人心旷神怡的，也是成功演讲的特质。

对于这个主题，我们还可以从另一个视角出发：工作中会遇到什么困难？对于这些困难，你又有什么良策？

当然，你还可以在演讲中谈一谈你所接触的人，无论是诚实的还是伪善的；谈一谈你遇到的问题；还有就是世界上最令人感兴趣的话题——人性，你的工作使你产生了哪些看法？假如你在演讲中单单谈论你的工作技术问题和事务问题，那就会使人厌倦，因为这与谈论人性是背道而驰的。

总之，千万不要让你的演讲成为一种空洞的说教，不然就会使人感到乏味无趣。你要使它像一个层次分明的蛋糕，不仅有生动的例证，而且还要有理论的总结。因此，你要对你所观察到的具体事实进行鉴别，而且还要体会出其中蕴藏的真理。同时，你会发现，事例与理论相比，前者更容易记诵、表达，并且可以使演讲增加色彩。

材料多多益善

鲁泽尔·波拜克曾说过这样一句话："为了能够找到几枚上等的好植物标本，我常常要制作上百万枚标本，大量不满意之作最终弃之不要了。"从某种程度上说，演讲也应该发扬这种万里挑一的精神，不仅拥有很多思想，并对之进行充分的取舍。

在所有已经使用的信息和材料的基础上，你最好做到多多益善。阿瑟·杜恩介绍说：

　　"我曾经培训过很多推销员、调查员、演示法教学者。在他们推销商品前，必然要对自己的商品十分了解，可是，他们中的绝大多数人却丝毫没有注意到这一方面的重要性，这也是他们最主要的缺陷。

　　"当一些推销员到我的办公室进行一番关于商品的描述后，就会立即开始一轮交易用语，他们迫切地想把自己的商品推销出去。他们接受的销售员培训只进行了48个小时，而我在培训调查员、推销员时，努力地想让他们成为行业专家，这是一点；其次，我还强迫他们学习美国农业部出版发行的《美国人饮食指南》。书中向我们介绍了水、蛋白质、碳水化合物、脂肪和维生素在食物中各占的比重；其三，我还要求他们研究待售商品的构成成分；其四，我还让他们走进学校学习数日，还要通过相应的考试；其五，我要求他们将商品出售给其他推销者；其六，对于表现最出色的交易者，我会给予一定奖励。

　　"刚开始，我发现一些推销员似乎极没有耐心，而他们又要对产品进行研究。他们这样为自己辩解：'我没有那么多时间向零售商们解释产品的所有知识，而且零售商们也很忙，假如我不停地讲什么蛋白蛋、碳水化合物，他们一定不愿意听。即使听了，自然也不会懂，我不是白费工夫吗？'对此，我回答道：'你这样说是没有从顾客的利益角度推销你的产品，你所考虑的仅仅是你自身的利益。如果你对产品非常了解，那么你必然会有一种妙不可言的情绪。换句话说，你一定会乐观向上，感到自己无坚不摧。'

　　"标准石油公司的一位著名历史学家埃达·塔贝尔告诉我，多年前，当她在巴黎居住时，《迈克克鲁尔杂志》的创办者迈克克鲁尔先生曾致电，邀请她为大西洋电报公司写一篇短文。于是，她来到了伦敦，与这里首屈一指的电报公司的欧洲区经理见了个面，获得了充分的写作材料。但她并不因此满足，她还想再积累更多翔实的材料。因此，她参观了陈列在大英博物馆里的各式各样的电报，并且大量阅读了关于电报历史的书籍，甚至赶到伦敦郊区的制造工厂，参观了正在建设中的电缆工程。

"为什么她要收集这么多、远远超出可能使用的信息呢？这是因为，这样做可以赋予她无形的力量，使她的短文增添气势、色彩。

"在埃德文·詹姆斯·凯特泰尔的一生中，大约给三千万人做过演讲。他曾向我倾诉，在回家的路上，他都会精心挑选好的演讲材料，不然他早就以失败告别演讲台了。这是为什么呢？因为多年的经验使他懂得，珍贵的演讲都是以充足的材料储备为基础的，而这些大量的储备材料，要比演讲者所用的多得多。"

第三章
演讲的真谛

当你将某一问题的事实收集整理后，你就要主动地去思考，如何将几个事实融合在一起。这样一来，你的演讲必然会充满创造性和个性魅力——这是非常重要而且不可忽视的。此时，演讲会变成你的化身。然后，你只要清楚地、符合逻辑地将你的思想写出就可以了。

当我在纽约旋转俱乐部时，曾出席了一次宴会。其间，一位杰出的政府官员要给我们做一次重要的演讲。由于他身居显位，大家自然对他赋予了很高的希望。于是，我们期盼着能够听到他的演说。在此之前，他已经许下诺言，要把自己的一些日常活动介绍给我们，而这些也正是纽约商界人士的兴趣所在。

虽然对于演讲的主题，他早已了然于胸，但是他并没有为演讲进行一番合理的规划；也没有认真地选择自己积累的材料。于是，他随意而盲目地开始了演讲。结果他却不知道该如何收场，只能信马由缰。

他原本想做一场即兴演讲，但没想到自己竟然无力完成。后来只好从口袋里掏出一卷儿笔记，然后坦诚地告诉他的听众，这是他的秘书为他整理的——在场的听众对此并不怀疑。显然，这些笔记就像平板车里的碎铁块一样，杂乱无章。这位政府官员开始在这些笔记中乱翻起来，抓紧一切时间梳理着它们之间的联系，他的样子就好像荒郊野外的迷路者，急切地想寻觅到一条回家的路。但这时已经来不及了。因此他不断地向在场的人道歉，请求工作人员为他添些茶水。拿着杯子的手开始颤抖，语无伦次、重复再三。

最终，他再一次将头埋进那堆稿子里……一分钟、两分钟，时间就这样一点一点艰难地流逝了，这位政府官员也越来越无助、迷茫、尴尬。他的前额顿时涌出大颗的汗珠，当他用手背擦拭头上的汗时，我们可以清楚地看到他的手在颤抖。我们坐在那里，目睹了这场失败的演讲，自然产生一种怜悯之心，当然同时我们也承受着煎熬、折磨——这是一种忍受着别人的尴尬的折磨。可这位演讲者仍然坚守在演讲台上，固执地坚持着吞吐地说着他那枯燥的话题。他也在挣扎，常常对着自己的笔记发呆，或者不停地道歉、喝水。全场只有他没有意识到当时的气氛早已陷入一种灾难性的境地。就在他结束发言落座时，我们这些听众也都深深地吸了口气，备感轻松。

在我所经历的演讲中，我想这次演讲中的听众是最不幸的，演讲者也是最差劲的。他的发言就像卢梭形容情书时所表述的：不知该从何说起，也不知所言何物。

拿破仑曾说过："战争艺术也是一门科学。在战争过程中，如果没有战前的精确计算和思考，那么就没有什么胜利可言。"可以说这是战争的真谛，同样，也属于演讲的真谛。但演讲者是否意识到这一点了呢？或者他们早已意识到了，那么他们有没有按这个要求去做呢？很遗憾，没有几个人可以做到这一点。大多数演讲也仅仅是略加计划和整理罢了。

那么，应该如何最好且有效地将你的思想整理好呢？我们都知道："没有调查就没有发言权"，因此，在研究这些思想前，并不存在什么最好的方法。对于任何一位演讲者来说，这都是一个永远没有答案的，但却需要不断地给出新的回答的问题。虽然，我们无法给出一个放之四海而皆准的真理，但我们能够在某种程度上，与具体事例相结合，简洁地说出什么是有效的整理。

如何构造演讲

《公共演讲的艺术》是前参议员阿尔伯特·比沃瑞兹创作的一本短小却实用的小册子。在这本小册子里，这位著名的政治运动家写道：

演讲者必须以演讲主题主人的身份出现在听众面前，这就意味着他要对一切演讲的事实进行收集、整理、研究和消化——不仅要收集这一方面的材料，还包括主题另一方面的材料，甚至是各个方面的材料。同时还要确保这些材料都具有真实性，而不是一些经不起推敲的假设。

所以，演讲者应该对每一份材料进行认真的检查和核实。这是一项辛劳的研究，但最终得到的却远远超出那个仅仅知道"这是什么？"的范围——难道你就不梦想着给你的同胞解释答惑、提出建议吗？难道你不想成为一名权威专家吗？那么就努力争取吧！

当你将某一问题的事实收集整理后，你就要主动地去思考，如何将几个事实融合在一起。这样一来，你的演讲必然会充满创造性和个性魅力——这是非常重要而且不可忽视的。此时，演讲会变成你的化身。然后，你只要清楚、符合逻辑地将你的思想写出就可以了。

也就是说，对于事实材料，最好提供正反两个方面的内容，从而得出更清楚确定的结论。

本杰明·富兰克林在他的自传里讲述了他是怎样提高口述水平，如何培养遣词造句的能力，以及怎样自学、整理思想。这本传记堪称文学经典之作，而且，它还是一本通俗易懂的范本。每一位准演讲家和作家都会从中获得一些帮助。下面这段文字就节选于这本传记：

很偶然的一个机会，我发现了《旁观者》的第三集，而我却没有找到其他几集。于是我毫不犹豫地买了下来，反复阅读，从中享受到了巨大的乐趣。这本书写得真是精彩极了，我甚至很想摹写它。由于这种冲动，我拿起了纸和笔，几天后，我便将书中的感情线索全部整理出来了。然后，我将这本书放在一边，凭借着我所整理的感情线索，用最贴切的词语将文章重新补充了起来，连缀成篇。后来，我将自己的稿子与原版《旁观者》相对照，发现了很多错误，又把它们逐一改正过来。

在这个过程中，我学到了很多新鲜的词语。而且在对它们进行思考和使用时，我又获得了灵活运用的能力。如果我能够坚持写诗，我想我应该在很早的时候就具备这种能力。因为，诗歌对句子的长短以及韵律、节奏的要求会使我学到并掌握各种词汇。从此，我常常摹写一些故事小说，有时，我还会深深地陷进众多感情线索的纠缠之中，然后要花费几周的时间才能理清线索、补充句子使之连贯成文。很快，我就学会了整理思想的方法。通过比较摹写的文章与原作品，我发现了更多的缺陷并对它们加以修正。

由此，我真的提高了语言的有序性，快乐地沉浸在这种幸运、幸福之中。我还梦想着有一天成为一位不蹩脚的英文作家，完成我的夙愿。

在演讲前的准备工作中，西奥多·罗斯福有其独特的罗斯福式方法：首先，他会不断地回味、评估、确认自己收集的所有事实，从而得出一些准确无误的结论。接着，他会在自己面前放一摞笔记，然后开始口述自己的演讲稿。他口述时的语速很快，这样是为了保持流利、自然和生活的本色。随后，他也会将演讲稿打印出来，然后对之进行修订——常常用铅笔在上面添加或删减一些东西。然后，重新口述一遍演讲稿。"没有艰苦的劳动、缜密的判断、细心的设计以及长时间的准备工作，我必然一事无成。"他总结道。

他常常面对一些评论家朗诵自己的讲稿，但他从不和他们争论，因为他将所有心思都放在了演讲上，并且矢志不渝。当然他殷切地希望能够获得一些忠告——这些忠告不是关于表达什么，而是要如何表达。一遍一遍地，罗斯福浏览着打印文稿，不断地加工、润色，最终，成为报刊纷纷印刷的演讲稿。当然，他不可能对整篇演讲稿完全成诵，所以他的即席演讲，难免与印刷出版的那份讲稿有些出入。但正是由于亲手书写和反复修改的出色准备工作，使他充分认识到演讲材料及其内在逻辑之间的关系，使其明察秋毫。所以他的演讲才会如此流利、确信、优雅，而这一点却是其他任何方法都无法获得的。

许多演讲学员在面对录音机口述演讲稿后，都会回过头来听听自己的讲演，会顿时有所启迪。的确，你还会因为发现自己的缺陷而恍然大悟。所以说这是一个很好的演讲练习方法。

当你将心中的所感写出来后，它便会激发你去思考，然后将它们刻在你的脑海中，并且能够最大限度地消除你内心的疑惑，使你的口述水平不断提高。

优秀的演讲者在完成演讲后，一般都会有四个不同版本的演讲稿：一个是他自己准备演讲时写的；一个是走上台演讲时用的；一个是报纸杂志上刊登的；最后一个则是他心中所希望的。

在走上台发表演讲之前，演讲者千万不要轻易放弃对讲稿的精益求精，即使演讲结束了，演讲者也应该对这份稿子进行再三思考。

必要时借助演讲稿

作为一位出色的即席演讲家，林肯在进入白宫后，除非对自己的讲话进行一番周密的准备，不然他决不会对自己的内阁随便发表演说，即使是一次非正式的讲话，都如此。当然，他必须宣读自己的就职演说。而宪法中的具有历史性质的文件，所运用的措辞用语要求有极高的准确性，这是毋庸置疑的，而且也不允许即兴演讲。然而当我们回首林肯在伊利诺斯的那段时光时，我们就会发现，他在演讲时从不使用演讲稿。因为林肯认为：讲稿或笔记会令听众感到厌烦。

对此，或许所有人都同意他的观点：难道在演讲中使用笔记不会让你感到烦琐多余吗？难道笔记会促进演讲者和听众之间的亲密交流吗？难道人们不会认为这是一种虚假的行为吗？不会使听众感觉演讲者是缺乏自信、力量的人吗？

在为演讲做准备时，我们离不开笔记——这些笔记或许还是珍贵、大有用处的。因为在你单独练习演讲时，它们可以起到参考辅助的作用；在你面对公众演讲时，它们也会使你稳心定神。

如果你必须要用笔记，那么你一定要用一张宽格纸，然后用极为醒目的字体简洁地记录你所要说的东西。然后提前到达演讲现场，将笔记藏在桌子上的书籍后面，一旦在演讲中有需要，你就可以瞥一眼，但一定要掩人耳目。

另外，不要认为将自己的演讲稿一字不漏地记诵下来是好事，有时这样只会适得其反，不仅浪费了时间，而且还可能以失败告终。但往往会有很多人不顾这句忠告，仍然试图背诵自己的讲稿。那么当他们面对听众时，其脑海里所浮现的是什么呢？是他们所要表达的感想吗？遗憾地说，答案并非如此。当他们站在演讲台上时，只是在努力地回忆自己记诵的语句，其思维似乎与人们的正常思维相反，不是向前，却是往后。这必然使演讲很僵硬，没有生机与活力。

当你出席重要的商业会晤时，你是否还要逐字地默记所要说的话，然后再表述出来呢？当然不能这样。事实上，你会在头脑中形成自己的主旨大意，然后有所表示。那么在会晤期间，你或许会做一些记录、调查，有时会想："这个问题究竟是怎么一回事？完成这件事的理由有哪些？"然后，你会将自己的看法发表出来，并论证其合理性。这也就是准备商业会晤发言的方法。我们可以考虑将这种方法应用在演讲的准备之中。

第四章
提高记忆能力的秘密

事实上，这些记忆的自然规律十分简单，它只包括三点：印记、复述、联想。任何一个所谓的「记忆系统」都是由这三点构筑的。

著名心理学家卡尔·希绍曾经说道："对于先天记忆能力的开发，普通人只做到了不高于10%，而剩下的90%则因不遵守记忆的自然规律而白白浪费掉了。"

事实上，这些记忆的自然规律十分简单，它包括印记、复述、联想。任何一个所谓的"记忆系统"都是由这三点构筑的。

要对记忆的内容做到深刻、生动而持久的印记。这是记忆的第一道指令。而要达到这一点则必须聚精会神。西奥多·罗斯福凭借自己非凡的记忆力给我们留下了深刻的印象，而他那出色的记忆就根源于此：深烙于心中的印记。在顽强的信念和不懈地磨炼的引导下，罗斯福即使在最不利的环境中都能够全神贯注，不被外界干扰。

在去往巴西荒野的途中，每到一处宿营地，罗斯福都会在树下找块干燥的地方，然后坐下来阅读根布本的《罗马帝国的衰落》。他是这般沉醉于此，以至于忘记了身边的雨声、吵闹声，甚至是营地里的活动和热带森林中的各种声响。这或许也是他过目不忘的原因。

亨利·沃德·比切尔写道："集中精力的一小时，远远胜过迷迷糊糊的数年。"作为伯利恒钢铁公司的总裁，艾伍贞的年收入高达一百多万美金。他说："到目前为止，我所学到的最重要的一点，就是每天无论在什么情况下都要做的——全神贯注干眼前的工作。"

这就是增强力量，特别是提高记忆能力的秘密。

留意身边的细节

伟大的发明家爱迪生发现，半年来，他的27个助手在从电灯厂到新泽西门罗公园的总厂时，都走同一条路。路旁有一株樱桃树，但所有助手都对此都熟视无睹。

爱迪生曾经掷地有声地说："普通人的大脑，对其看到的事物所产生的反应仅仅是千分之一。我们的观察力，那种真正的观察力，是多么的薄弱啊!"

如果将一些普通人介绍给你的朋友,那么结果会怎样? 通常会是这种结果:不出几分钟,你的朋友就会将那些人的姓名全部忘记。这是什么原因呢? 这是因为你的朋友没有更多的关注他们。或许你的朋友会说是由于自己的记忆力太差,但事实并非如此,真正的原因是他的观察力很差。如果你的朋友在一个大雾的天气里拍了一些不清晰的照片,那么他一定不会埋怨照相机不好。同样道理,因为对别人印象模糊不清,又怎么能埋怨自己的记忆力呢?

作为《纽约世界》的创办者,宙斯夫·布雷泽在其出版社的每一位员工的办公桌上,都留下了这样一行字:

准确、准确、准确。

这也正是我们所需要的。我们应该准确地听到别人的姓名,并且请求他重复一遍,耐心地询问对方的名字是如何拼写的。这样一来,他会被你的兴趣所激励,而你,也会因为自己的集中精神而记住了对方姓名。从而你也就获得了清楚、准确的印记。

大声朗读加深记忆

林肯少年时期,在一所乡村学校读书。学校很破旧,地板都是用碎木板铺成的,为了防止太阳的照射,学生们只好将课本撕开粘在玻璃上。当然,他们没有撕毁自己需要的教科书。上课的时候,老师首先大声朗读,学生们则跟着读。每当这个时候,整个校园就像陷入一片沸腾的海洋一样。正因如此,人们将这所学校称之为"喧闹的校园"。

在这个喧闹的校园里,林肯养成了一个习惯,这个习惯最后陪伴他终生。那就是,每当需要记忆的时候,他就会大声朗读。每天早晨,林肯一来到斯普林菲尔德的律师事务所,他就会立刻躺在躺椅上,然后将不灵活的那条腿放在旁边的椅子上,开始大声朗读晨报。林肯的记忆力相当出色。他曾经这样描述自己的大脑:"我的大脑好比一块钢铁,虽然很难在上面留下什么,但是一旦留下了,就永远不会抹去。"

因此，想要调动你的听觉和视觉，就必须像林肯那样去做。

当然，理想的记忆方法除了听和看以外，还包括触摸、嗅、体味。但是，最为有效的当属视觉。因为，我们是视觉动物，视觉记忆最为普遍，也最为深刻。例如，我们很容易记住一个人的样貌，却时常忘记他们的姓名。研究得出，视觉神经比听觉神经的功能高 25 倍。

因此，将需要记忆的姓名、数据，以及演讲提纲记录下来，然后仔细看一遍，再将眼睛闭上，在大脑中回忆看过的内容，以辅助记忆。

当然，你可以对这种记忆方法不屑一顾，但是，如果你愿意试试，你就会发现其乐无穷，而你的记忆力也能使众人目瞪口呆。

重复记忆的效果

古时候的中国，学生被称作"读书的好手"，他们要背诵很多古典书籍。

那么，这些读书的好手是如何记忆的呢？

其秘诀是重复记忆，而我们要说的第二个"记忆的规律"正是如此。

重复记忆，能够让你获得大量的事实材料。假如你想记住某些知识，就必须不断地复习、不断地使用；例如，你想记住某一个人的名字，那么就直呼其名；你想掌握演讲的内容，那么在交流中，就必须不断地涉及它们。总的来说，只有持续不断地运用才能带来持久不变的记忆。

单纯地重复记忆并不会带来最佳效果，盲目、机械地死记硬背毫无意义，我们所需要的是机智的记忆，也就是说依照我们的记忆特点去记忆。例如，艾冰豪斯教授出示了一长串没有任何意义的音节让学生们记忆，比如："deyu""qili"……最后，教授发现如果将这项任务分成三天去完成，只需记忆 38 次；但是一次性记诵，则需要 68 次。此外，其他的心理测试也同样得出了这样的结果。

　　这个发现意味着：前者在记忆中做一些间歇停顿，而后者则是不停地重复记忆，那么后者所需的时间和精力是前者的两倍。

　　对于人类思维这一特性，可以从以下两个方面进行阐释：

　　第一，重复记忆的间歇停顿，潜意识思维会非常活跃，因此使我们的记忆更加牢固。詹姆斯教授提出了一个非常睿智的论断："我们应该冬天学习游泳，夏天学习溜冰。"

　　第二，间歇性记忆方法，不会使思维疲倦。《阿拉伯人之夜》的译者理查德·波坦先生会说27种非常地道的语言，他说："每次学习一种语言，我都不会超过15分钟，因为，超过15分钟，我的大脑就会变得迟钝，就会失去新鲜感。"

　　明白了这个道理，我想不会再有人直到演讲前夜才做准备，因为，这么做只会得到一半的功效。

　　至于遗忘的方式，现在也有了重大的发现。心理学测试已经表明，我们所学习的新知识，在最初的8个小时里与随后的30天里更容易被遗忘。这一比例多么令人吃惊啊！因此，当你参加会议、聚会并作发言时，切记在开始之前，对演讲内容进行浏览式复习，这样做有助于恢复你的记忆。

形成丰富的联想

　　记忆的前两个规律我们已经讲过了，那么第三个规律——联想是绝对不能缺少的。实际上，联想是记忆本身的解释。詹姆斯教授说过：人类的大脑其实是一台联想的机器。当你沉默片刻，然后用命令的语气说道："回忆！回忆！"你的记忆能否听从指令回忆那些印迹吗？当然不会。因为，这就好比让你审视真空，你不禁会问道："我到底要回忆什么呢？"

　　简单说来，回忆必须有提示。例如，让你回忆你的出生日期，早餐吃了什么，音阶的顺序等，你的记忆就会立刻显示结果。提示帮助你回忆特定的记忆。如果让你弄清这种现象的原理，你也许会立刻想到提示与回想的事物一定有密切的关系。比如"出生日期"与数字息息相关；"早饭"与咖啡、熏肉、鸡蛋等食物相关；"音阶"自然与音乐相关。只要我们的思维不被中断，联想就会有举足轻重的作用。我们的头脑闪过任何念头，联想都会立即捕捉到相应的事物，仿佛它早已经存在于我们的大脑之中；而且，思考的事物与回忆起来的事物是完全相同的。

因此，记忆总是依赖某个联想体系，而联想则取决于两个特性：联想的持久性和联想的有序性。记忆的奥妙就是，对于要记住的事物应当形成丰富的联想。在这一过程中，我们不但要尽可能地对事实加以思考，而且还要使事实变得有序。例如，两个有着相同经验的人，其中一个经常思考所接触的事物，并且将它们形成一个有序的体系，那么，相应这个人就拥有很好的记忆能力。

将事实融入体系

那么，如何将事实组织起来，相互之间形成一个有序的关系呢？答案是确定含义、加以分析。例如，对于新的事实材料加以询问，并做出相应的回答，那么，这一事实便融入了一个有序的体系之中了。

a. 此事实为什么会这样？

b. 此事实是如何形成的？

c. 此事实发生在什么时间？

d. 此事实发生在什么地方？

e. 此事实是谁介绍的？

假如我们需要记住一位陌生人的名字，而这个名字很普遍，那么，我们可以将其与相同名字的朋友联系在一起；假如这个名字很少见，我们可以向主人表达自己新奇的感觉，这样一来，主人往往会主动介绍自己名字的特点。例如，在写作这一章的时候，经人介绍我认识了邵特夫人。我不但询问了她的名字如何拼写，而且，还请她介绍名字的来历。她告诉我："这是一个很有意思的名字，它在希腊文里面是'救世主'的意思。"接着，她告诉我她丈夫的家人来自阿森斯，在当地政府工作，并且身兼要职。据我观察，让人们讲述自己名字的来历，是一件很容易的事情；而这恰恰能够帮我们记忆。

当我们遇到陌生人的时候，首先观察他的外貌。例如，眼睛、头发的颜色、穿衣的风格、说话的语调，以及其他特征，从而获得清晰、生动的印象，然后与其名字联系起来，下次见面的时候，这些印象就会出现在你的脑海中。

你遇到过这样尴尬的场景吗？当你第二次或者第三次碰见某个人的时候，你竟仍然只记得对方的职业，而不知道其姓名。原因在于：职业是确定的、具体的，它就像院子里的石灰泥一样，深深地印在了你的记忆里；但是，姓名是抽象而没有意义的，所以它总像屋顶的冰碴，很容易从你的记忆中掉落。

为了确保你能清楚地记住某人的名字，就必须将其转化为与工作相关的短语。这种方法非常有效。例如，在费城的拜恩运动俱乐部有20个人相遇了，他们彼此都不认识；于是，每个人都介绍了自己的职业和姓名；随后，他们使用短语将其名字和工作联系起来，几分钟之后，他们竟能熟悉地呼唤彼此的名字了。在以后的日子里，他们即使再次见面，也没有忘记彼此的职业和姓名。

记忆日期与特定日期结合

当我们需要记忆日期的时候，将其与特定的重大日期结合起来，有益于我们的记忆。例如，让一位美国人记住苏伊士运河是1869年开通的会非常困难，而让他记住内战结束以后的第四个年头，这反而容易很多；1788年，澳大利亚迎来第一位移居者，而这个日期就像松动的螺丝一样容易遗忘，但是将其与美国独立日——1776年7月4日联系在一起，12年之后，澳大利亚出现第一位移居者，这种记忆法就轻松多了。

在选择电话号码的时候，也可以运用这种方式。例如，我的电话号码正好是美国独立的年份1776，任何一个人不费吹灰之力都能记住它。如果你选择的号码是1492、1861、1865、1914、1918，那么你的朋友很容易就能记住。因为"1492"，正是哥伦布发现美洲的那一年！但是，你必须以一种很新颖的方式向你的朋友们介绍这类号码，否则他们仍然会忘记的。

如果澳大利亚人、新西兰人或者加拿大人正在阅读这一篇，那么在记忆 1776、1861、1865 的时候，最好的办法就是，将这些年份与自己国家的重大历史时间结合起来。

如何最好地记忆下面的时间呢？

a. 1564 年——莎士比亚的诞辰；

b. 1819 年——维多利亚女王诞辰；

e. 1807 年——罗伯特·李的诞辰；

d. 1789 年——巴士底狱被毁。

假如你只是机械地按照先后顺序，去记忆最初加入美利坚合众国的 13 个州，那么，你一定会疲惫不堪，且没有效率。但是，如果用一个故事将它们联系起来，那么，你会在瞬间将它们记住。现在，请大家专心地阅读下面这段文字，试试自己能否依次说出文字中出现的州的名字：

> 星期六的午后，来自特拉华州的一位年轻女子，乘坐火车准备去宾夕法尼亚旅游。她的手提箱里，放着一件新泽西州生产的衬衫，当天，她与住在康涅狄格的朋友佐治亚见面。次日早晨，她和她的朋友一起参加了马里兰教堂举行的集会，接着，乘坐南线车返回家中。后来，她们又享用了弗吉尼亚做的新品火腿，弗吉尼亚是一位来自纽约的出色厨师。饭后，她们乘车来到了街道中央的"安全岛"。

快速记住演讲的要点

一般我们思考问题，总是通过两种方式：外界刺激的方式和自省的方式。将这两种方式运用到演讲中，就会形成两种记忆途径：一是通过外部刺激，例如演讲提示，但是这种方式并不是最佳的；二是将演讲内容与自己已知的知识结合起来，将演讲内容依次排列起来，且首尾呼应，就好像进入了一个房间，又出现另外一个房间一样。

这看起来似乎很简单，但是对于第一次演讲的人而言，并不容易，因为恐惧总会将他的思维能力打乱。在此，我给大家提供一个简便又迅速的方法，那就是组合一个并无意义的句子，将每个演讲重点联系起来。例如，你要讨论一些杂乱无章的主题"奶牛、雪茄、拿破仑、房子、宗教"，而这些主题又无法与自己已知的知识联系起来，那么，就需要组织一个荒谬的句子了："一头奶牛吸着雪茄，而且勾住了拿破仑，房子、宗教都在大火中燃烧。"

这种方法真的有效吗？当然！如果你正在为提高记忆犯愁，那就赶快采用这种方法吧！

我们相信，任何演讲主题都能通过这种方式加强记忆；另外，组织的句子越荒谬，就越容易被记住。

应对突发性思维混乱

在演讲过程中，即使已经做了充分的准备，也难免出现差错。我们假设一位演讲者，正在滔滔不绝地演讲，突然，脑海中一片空白，众目睽睽之下，哑口无言，刹那间，他的自信被击得粉碎。假如给他充足的时间，10秒或者15秒，他有可能恢复正常；但是，在演讲过程中，短短的十几秒钟沉默，对演讲者来说也是一场灾难。那么，如何挽救这场灾难呢？

美国一位知名参议员，教给我们一个很好的方法。有一次，这位参议员也陷入了类似的窘境，但是他立刻问听众："我的声音洪亮吗？后排的观众能听清楚吗？"其实他是"醉翁之意不在酒"，他这样做是为自己赢得反应时间，最终在这短暂的停顿中，他恢复了思绪，继续侃侃而谈起来。

但是，面临这样的突发性思维混乱，最好的办法应该是：将刚刚讲过的那一句话，作为新的起点继续阐述下去。例如，那句话中的某一个词、某一个短语，或者其中包含的观点。当然，这样做会像泰晤士河一样延绵不断。假设一位演讲者正在发表如何在商业上获得成功的演说，当他讲到"缺乏工作热情，只会使自己更加消极、不求上进，遇事不主动。"之后，他发现自己的大脑突然一片空白。

这句话的最后一个词是"主动"，所以，可以以此为开端，重新组织一个观点。当然，你可能不知道说什么，也不知道说到哪里结束，但是，只有说下去，才能避免沉默的尴尬。

主动意味着创造，而不是听令行事。

当然，这并不是最佳方式，但是至少可以避免一场尴尬。再举一个例子，演讲最后是"听令行事"，我们可以以此继续阐述下去：

> 最令人恼怒的事情莫过于，对一个没有思想的工人无休止地告知、引导和命令。
>
> 对此，我们先谈到这里。另外一个方面：想象。
>
> 想象是必不可少的。所罗门说过："假如没有想象，就没有一切的存在。"

假如演讲的时候，思维陷入停顿，我们要从两方面着手，例如，商业竞争，导致每年都有工人被淘汰，这让人非常惋惜。但是导致这一惋惜的原因是：被淘汰的工人意志消沉，缺乏热情，他们无法正视自己的职业，因此最终走向失败；但是，商业失败的事实说明这是一个幻想。

当演讲者偏离中心思想的时候，必须努力回想自己暂时遗忘的内容。

这种无止境的链接方式，如果不能及时停止，那么将会导致谈论到诸如葡萄干、布丁价格等无聊的问题；但是，这仍然不失为一种避免尴尬的好方法。而且，很多事实已经证明这种方式的确挽救了很多濒临失败的演讲。

现在让我们总结一下：如果运用本章所谈到的方式，就能够提高我们的记忆能力；但是，即使去记忆一千万个棒球知识，对于记忆证券市场也毫无帮助。因为，它们之间毫无联系。"我们的大脑，实际上是一台联想的机器。"

第五章
演讲成功的条件

事实上，这些记忆的自然规律十分简单，它只包括三点：印记、复述、联想。任何一个所谓的「记忆系统」都是由这三点构筑的。

当我写到这里时，时间正好定格在——1月5日——欧内斯特·沙克尔顿逝世的纪念日。那天，他乘坐"探索"号去往南极洲，途中他永远地离开了我们。如果你能登上"探索"号，首先映入你眼帘的是一段刻在黄铜板上的字：

如果你拥有梦想，却不能实现；
如果你能够思考，却没有目标；
如果在前进的道路上，既有成功又有灾难，
而你，面对这一切，能够微微一笑。
如果你能将自己完全奉献给你的事业，
哪怕生命因此而消失；
如果你能在一无所有的时候，
还能对自己说声："坚持"。
如果你能让每一分每一秒都充实、完满；
如果你的胸怀宽广到足以容纳整个世界；
那么，宝贝，你就是真正的男子汉。

沙克尔顿将这首诗视为"'探索'号的精神"。是的，正是因为这种精神，才有勇气奔赴南极，才有勇气发表演说。

但是，我必须很遗憾地说，在学习演说的时候，仍有很多人缺乏这种精神。当我刚刚踏进这类教育事业的时候，我惊讶地发现，竟有很多人参加夜校学习这门学问，但是中途都放弃了，而数量令人震惊，惋惜！

也许阅读到这里，有些读者已经失去了兴趣和热情，因为，到此他们还没有学会如何克服演讲中的恐惧心理，而又缺乏耐心。我只能遗憾地表示，世界上没有任何一种伤痛，不经循序渐进的治疗而治愈的。

相信自己，成就事业

几年前的一个夏天，我攀登了一座位于奥地利境内阿尔卑斯山麓的名叫"凯瑟"的山峰。在贝蒂克眼里，这次攀登非常艰难，而我们又是业余的，所以必须找一个向导；但是，最终我们没有去找向导，有一个人问我们有没有信心取得成功，我们异口同声坚定地回答："当然!"

那人惊讶地又问："为什么这么自信?"

"因为很多人在没有向导的情况下，也取得了成功。所以，我们也一定能做到! 而且，我从来不会将失败压在我的背上。"

当然，作为一位登山者我还很稚嫩。但是，我始终怀抱一种积极向上的心态——渴望胜利。这就像公众演说一样，必须信心十足，从容不迫。

相信自己的能力，相信自己绝对能做到，坚信自己一定能成功，然后，朝着自己的目标前进。

都庞将军没有按照命令将炮舰驶进查尔斯港口，他向法拉格将军说了很多停止前行的理由。法拉格最后回答他："你忽略了一条最重要的理由。"

"什么?"都庞将军不解地问道。

"你不相信自己能够做到。"法拉格回答道。

在演讲培训课中，学员们最大的收获是学会了自信——相信自己的能力。而这一点，正是成就任何事业的根本点。

不要轻易放弃目标

有一位年轻人很想学习法律，但又犹豫不决，于是写信给林肯征求他的建议，林肯回信说："如果你坚定信心，决心成为一名律师，那么，这件事情已经成功了一半! 将你的决心记在心间，直到成功的那一天!"

林肯正是因为自始至终都保持着这种信念，才最终成为一位成功人士。林肯这一生，接受学校教育的时间不到一年。而阅读书籍，也必须去到离家50英里的地方。林肯经常在木头房子里读书，很晚才睡觉。他还在木头隔板中间放一些书籍，每当天亮，他从树叶铺成的床上醒来时，都会随手抽出一本书，贪婪地阅读起来。

其实，林肯曾经有一段自卑的历史。尤其是面对女性的时候，他常常会害羞得一句话也说不出来。当他与玛丽·托德尔约会的时候，他总是找不到合适的话题，满脸通红地静静地坐在一边听她说话。为了改变这种窘迫的处境，他经常步行二三十英里，去听别人的演说。在回家的路上，经过田野、树林，或者位于格恩威尔琼斯家的商店时，他都在练习演讲。另外，他还参与了新萨拉姆和斯普林菲尔德开办的文学辩论会，在那里他可以练习演讲最新的热门话题。就是这样一个害羞至极的人，经过坚持不懈地努力，最终成了一位伟大的演说家。

西奥多·罗斯福的办公室里，有一张亚伯拉罕·林肯的照片，他曾经说："我经常要处理一些棘手的事情，而这些往往与人们的利益息息相关，每当这个时候，我就会看一看林肯，想象他会怎么处理这种情况。这听起来似乎不可思议，但是总会为我带来解决事情的办法。"

在学习演讲的过程中，假如你也彷徨不知所措，请你试着学习罗斯福的方法。而林肯在竞选美国参议院议员的时候，被道格拉斯击败，但他却对拥护者说道："哪怕失败一百次，也不要轻易放弃!"

你的热情决定你所做的事情

我多希望我的读者能在每天早饭的时间，打开这本书，将哈佛著名心理学家威廉·詹姆斯教授的这段话记在心中：

不管你的起点是高是低，都不应该怀疑你的学习结果。只要每时每刻你都能付出真心，那么，最终你定会达到自己的目标。无论你选择什么职业，有一天，你会突然意识到自己已经超越了同龄人，成为其中的杰出代表。

借用詹姆斯教授的话，我们在学习演讲的时候，也要充满热情，找准方式，付出真心，终有一天你会成为勇敢的演说家。

这也许有些不真实，但它的确是一条真理。不过，也有例外。一个精神颓废，而又内向的人是不会成为一位演说家的。

> 在伦敦，新泽西前任州长斯岛克斯参加了一场公众演讲班举行的封闭式宴会。宴会上，他说："今晚所听到的演讲，与华盛顿议员所作的演讲一样精彩！"但是，这些演讲者都是一些普通的商人，几个月前，他们还非常恐惧在众人面前演讲，但是，就在某一天，他们发现自己竟成了这个城市优秀的演讲者。

作为一个演讲者，成功的因素来自于先天的素质，或者愿望的强度。詹姆斯教授说过："你的热情决定你所做的事情。"只要热衷于你所做的事情，那么，总会达到目标。如果你想成为一个富有的人，有一天你会发现自己真的很有钱；如果你想成为一个学者，那么有一天你就会做到学识渊博；如果你想成为一个好人，你终将会成为一个好人。只要你坚定信念，理想终将变为现实。当然，如果你想成为一名演讲者，只要你愿意，你终将会实现这一目标。

成千上万的人想要得到当众演说的自信心。但是，我早就观察过，只有极少数人天生有演讲的潜能，所以获得了成功，而大多数是我们身边的普通人。很多智慧过人的人，因为无法接受失败，或者过分追求金钱，最终错过了成功的机会；而很多普通人却因为坚定的决心，最终站到了胜利的顶峰。

这种情况合情合理，而且在职场上屡见不鲜。洛克菲勒说过，成功的首要因素就是耐心。所以，在演讲领域，耐心也是最关键的。

有获胜的信心

我情不自禁将逝世不久的阿尔伯特·哈伯德提出的一些建议公之于众，因为只要我们将这其中的智慧运用在生活当中，那么，我们的生活将会更加幸福、更加灿烂。

出门的时候，请收起下巴，抬头挺胸，好好享受阳光的味道；与朋友相遇的时候，请报以微笑；拥抱的时候，付出你的真心。撇弃一切外界干扰，向着目标前进。将自己的精力完全致力于你所追求的事业，终有一天，你会突然发现自己与理想已经越来越近；就好像美丽的珊瑚虫，在波涛汹涌中寻找到自己需要的东西。在脑海中，勾勒一个完美的、热情的、杰出的自我，然后一步一步地向着那个高大的形象前进。人的思想是无与伦比的，保持一种正确的精神状态——勇气、真诚和激情。正确的思考，带来最终的创造。你心中的愿望，最终会得以实现。所以，请你收起下巴，抬头挺胸，相信自己是蝶蛹里的那只生灵。

所有伟大的军事领导者——拿破仑、威灵顿、格兰特，他们都意识到：想要取得胜利，就必须相信自己的能力，相信能够获胜。

马歇尔·富希这样说道："缺乏信心的士兵绝对无法抵抗具有雄心壮志的士兵，因为在他们的心里已经背上了沉重的负担，他们不再相信自己能够获得胜利，在意志的对抗中，他们已经败下阵来。"

换句话说，这些失败的士兵在身体没有遭受打击的时候，精神就已经被击败了。他们失去了勇气，失去了自信，也就失去了胜利。做人也是这样的道理。

> 弗瑞兹曾是美国海军著名的牧师，在第一次世界大战期间，很多致力于牧师职业的人都要经过他的面试。当人们问他，如何才能做一位成功的海军牧师，他回答道："仁慈、能力、亲和力和勇气。"

在演讲中，也必须具备这样的条件，才能获得成功。

第六章
正确的演讲方式

在演讲过程中，最重要的是你演讲的风格和情调，语言反倒是其次的。也就是说，重要的是你如何去说，而不是你说些什么。

在演讲过程中，最重要的是你演讲的风格和情调，语言反倒是其次的。也就是说，重要的是你如何去说，而不是你说些什么。

在一次公众音乐会上，我的座位旁边是一位年轻女士。当帕德列夫斯基弹奏肖邦的玛祖卡舞曲时，她感觉好像天籁之音，而她自己在弹奏这首曲子时，始终平庸无华。为什么会出现这种差异呢？因为二者在弹奏的方式上大不相同。帕德列夫斯基将演奏视为一种感觉、一种艺术，一种展现人格魅力的方式，而她只是在弹奏曲子，这正是天才与普通人的区别之处。

我参加过很多大学生辩论赛，我发现获胜者往往不是那些拥有最好材料的人，而是那些能够有声有色表达自己材料的人。

从犬儒哲学的角度看，劳德·莫利总结道："演讲中最重要的三个因素是：谁来讲、怎么讲、讲什么；而在这三个因素中，第三个因素相对次要一些。"这样说，也许有些言过其实，但是究其实质，却非常有道理。

埃德蒙德·伯克所写的演讲稿既有内涵，又合情合理，尤其是在遣词造句上，更是严谨、妥当。今天，很多大学都将他的演讲稿作为典范。但是，他却是一个失败的演讲者，因为他的演讲既不生动，又缺乏说服力。每当他发言的时候，议员们就哈欠连天，左顾右盼，甚至有人中途退场。因此，人们称他为众议院里的"晚宴之钟"。

这就好比，你用尽全身力量将一个小钢球掷向他人，却不能在他人身上留下印记；但是，如果你使用的是一把枪，即使将子弹换成石子，仍能穿透一块松木木板。我只能遗憾地说，有力的"石子式"演讲，比无力的"钢球式"演讲，更能给人留下深刻的印象。

因此，请正确对待你的演讲方式。

成功的演讲需要具备什么

有关演讲，已经出现很多乏味的理论，它们往往披着华丽的外衣，让演讲变得神秘起来；而演讲往往被这些可恶的传统方式，演绎得荒谬不堪；另外，图书馆、书店出现大量有关演讲的书，其实这些书几乎毫无用处。虽然现在，已有所改变，但是大多数高校的学生，仍然在背诵一百年以前，演说家美丽的辞藻；尽管这些演讲与当代精神格格不入，就好像我们再一次戴上他们曾经戴过的帽子。

对于听众而言，他们通常都希望演讲者能以一种互动的演讲方式与他们沟通，就好像私人谈话一样。无论是几个人的小型会议，还是数千人的大型演讲会场。但即便如此，演讲者也必须提到声音，绝不能像私人交谈一样，否则，听众无法听清演讲内容。因为，面对一个人讲话与面对 40 个人演讲，是完全不同的。这就好比楼顶的雕像，为了让楼下的观众享受同样的视觉效果，雕塑的尺寸必须扩大。

> 马克·吐温曾在内华达州的采矿工地上做过一次演讲，演讲结束之后，一位工人走上前来问道："这种语调是您正常演讲时的语调吗？"

这句问话表达的是：请您提高声音，用现场应有的语调演讲。

除此之外，成功的演讲还需要具备什么？

上文中，我曾提到一个小说家的演讲，几天之后，在同一个地方，一位名叫奥利弗·劳兹的先生又做了一场演讲，名为"原子与世界"。对于这一主题，他已经研究思考了半个世纪，并获得了丰富的相关知识经验；而这些内容仿佛已经融进了他的生命，与身心合为一体。在整个演讲过程中，他激情流露，浑然忘记自己是在做一场演讲，整个身心都投入到他的"原子"世界，他的眼睛，他的心灵都在告诉我们他所知道的一切。而这一切，在我们眼前，是那样清晰，那样生动，就仿佛置身于他的"原子"世界。

毫无疑问，他的演讲魅力打动了每一位听众。我们深信他是一位卓越的演讲家，但是，我敢肯定他本人并未意识到这一点，因为在那场演讲中，听众并没有把他当作一名公众演讲者。

看到这里，也许你能够明白一个道理：在你演讲的时候，应当让听众仿佛沐浴自然之风，而不是让公众明显觉得你是一个受过专业培训的演讲者。就好比，玻璃只是为了透射光线，好的演讲者不应拘泥于形式，而应带动听众专心于他的演讲。

珍惜自己的个性

福特汽车创始人亨利·福特曾经这样说道："整个世界的福特汽车都是相似的；但是，这个世界却没有完全相同的人，因为每一个人都有自己与众不同的地方，世界其他万物都不能与人的这种特性相比拟。任何一个青年人都应将这种思想铭记于心，以此去发掘自己独特的闪光点。可惜的是，学校和社会正企图谋杀这些宝贵的东西，从而塑造一个统一的社会体系。在此，我想告诫青年人，请珍惜你的'财富'，因为这是你走向成功的唯一资本。"

而公众演讲也是如此。芸芸众生，都有眼睛、鼻子、嘴，但又各有迥异。每个人都有自己的思维方式，都有自己的优点和缺点，都有自己与众不同的人格，而你的个性让你拥有不同的演讲风格，所以，请你珍惜自己的个性。

1858年，参议员道格拉斯和林肯在伊利诺联盟的诸城镇中，举办了美国史上最出名的辩论赛。辩论赛上，林肯高大笨拙，道格拉斯矮小优雅，截然不同的外貌，正如他们大相径庭的人格、性情一样各具魅力。

> 道格拉斯一向以绅士著称，而林肯曾是一个贫困的乡下小子；道格拉斯举止落落大方，而林肯笨拙、害羞；道格拉斯极富幽默感，而林肯是当时著名的短篇小说家；道格拉斯傲慢、专横，而林肯谦虚、仁慈；道格拉斯思维敏捷，而林肯却思维迟缓；道格拉斯的演讲总是气势磅礴，而林肯的演讲总是平静而深刻。

他们两人的性格、外貌虽然完全不同，却同为优秀的演讲家。正是因为信念和勇气让他们找到了真正的自我。如果他们彼此模仿，抛弃自己的个性，那么，结果必定失败。每一个人都必须认清自己的优点和缺点，充分利用自己的天分，塑造一个与众不同的自己。

想要在公众面前表现得收放自如，就必须多加练习，这一点，演员有着非常深刻的感触。也许在你还是孩童的时候，你可以大方地站在众人面前背诵台词；但是，当你长大成人后，你还能保持这份自如吗？也许你能做到，但是情况往往不尽如人意，你总会感到拘束，机械和做作。

其实，进行演讲培训，不过是培养他们的自信，培养他们在大众面前自如地说话，使他们完全放松地将自己展现在众人面前。

在学员演讲的中途，我曾无数次恳求他们再自然一些；我也曾无数次身心疲惫地回到家中，只因为我没能让学员在演讲中更加自如。是的，这是一件极其困难的事情。

也许，能够在大众面前自如地演讲，只有一个方法，那就是不断地练习。在练习的过程中，只要感觉自己不自在，请立即停下来，反问自己："这是为什么，问题究竟出在哪里？是我不够自然吗？"然后，瞄准后排比较沉默的人，与他进行交流，不要在意别人的眼光，坚持做好自己的事情；如果他也站起来与你交流，那么，请珍惜这样的机会。在这个过程中，你将感受到亲切而自然的谈话。当然，如果你实在害羞，那么设想一个提问，并对这一问题进行解答。

此外，在演讲的过程中，你还可以做一些设问。例如"也许你会问我，有什么例子可以证明这一点？好的，那我就举一个例子吧！"类似这样的做法，不但能够打破演讲的单一性，还能使你在演讲中更加愉悦、更加自如。

真诚、激情和热烈能够为你的演讲带来极大的帮助。一个人在感情的驱使下，他会表现得更加自我，而压力也会逐渐消减。所以，你的言谈举止会变得自如且自信。

总之，将你的全部身心都投入到演讲中去。

演讲者应知晓的原理

现在，我们来讨论演讲者应该知晓的一些原理，希望大家能够更清晰地掌握它们。但实际上，我并不愿意这么做，因为这会让一些人觉得："太好了，我只要努力做到这些，就一定会成功。"请你千万不要这么认为，否则，演讲只会变得更加呆板，毫无乐趣。

当然，也许你在平常生活中，已经运用了这些原理，只不过你没有意识到；而运用这些原理的真正方式恰好就是无意识。对此，只有不断地练习，才能达到这一境界。

第一，突出关键词。

在谈话过程中，我们总会强调其中一个音节，而略过其他音节，就好像汽车在一群流氓面前飞快经过。强调一个句子的重点所在，也是如此。

我并不是对这种情况描述得过于荒诞，而是这类情形每时每刻都在发生；也许昨天，有几千个人在做这样的事情，而明天，会有更多的人这样做。

下面，请阅读这段文字，阅读的同时调动你的真情实感，并且了解它的中心含义；最后，回想一下你是否在阅读的过程中强化了关键词，而弱化了其他部分。

假如你觉得自己已经失败，那么，你就真的会失败；
假如你觉得自己不敢去做，那么，你就真的不会去做；
假如你渴望胜利，但是又没有勇气，那么，你离成功就会越来越远；

　　成功并不只为强大的人存在；

　　但是，成功的人必定是有勇气的人。

——阿伦

　　也许，坚定不移的决心，才能成就一个人的梦想。

　　如果你想获得成功，那么，请你切记：成功的过程，不但要经历无数的险阻，还要承受无数的失败。

——西奥多·罗斯福

　　第二，语调多变。

　　在谈话过程中，语调总会随时变化，时而高亢、时而低沉、时而平缓，就像大海一样，永远不会静止。怎么会这样呢？没有人知道，更没有人专门研究这一问题。但这种变换是愉悦的，更是自然的。我们是有意识地学习，才获得了这种能力吗？当然不是。在孩童时期，我们就已经具备这种本领了。然而，面对公众的时候，这种变换语调的能力，却神奇般地丧失了。

　　在演讲时，当你意识到自己的语调过于单一——这时候语调往往是高亢的，请你稍作停顿，告诉自己：我并不是木头人，我在与人们交谈，自然一些，再自然一些。

　　这样做到底有没有帮助呢？我想是有的。因为停顿本身就是在变换语调。总之，只有在练习中，才能找到解救自己的方式。

　　布鲁克林著名的基督教牧师帕克斯·凯德曼博士经常采用这种方式来提升或者降低语调，突显某个短语或者单词；还有奥利弗·劳兹先生、布莱恩先生、罗斯福先生……几乎所有著名的演讲家都在采用这种方式。

　　第三，注意语速。

　　我们在日常谈话中，语速总是不断变化的。这令人感到愉悦并显得极为自然，同时，这也是无意识中进行的。最重要的是，语速的改变能够凸现语音的着重点。

　　密苏里州历史研究会出版了一本由华尔德·史蒂文斯创作的《记者眼中的林肯》，书中介绍了林肯表达情意最擅长用的方式，就是改变语速。

林肯在讲话的时候，特别注重关键词与非关键词，他总是花费很多时间在关键词语上。每当遇到非关键词语，他就会一带而过；但是遇到关键词语，他就会放慢语速，韵味十足，着重强调。

这种方法必然能够引起听众的注意。

第四，恰当的停顿。

林肯在演讲的时候，总会适当地做一些停顿。每当讲到一个重点，而又希望听众能有深刻印象的时候，他就会将身体前倾，一语不发地看着听众；而这突如其来的沉默，立刻抓住了听众的心神，每一个人都会屏住呼吸，等待下面的内容。

还记得林肯与道格拉斯的辩论赛吗？就在辩论快要结束的时候，所有不利都倾向于林肯一方。他的脸上挂满了沮丧，而他特有的忧郁，让他的演讲弥漫着一种悲壮的力量。在总结发言中，林肯突然沉默地伫立在那里，环顾四周，疲惫的眼睛像是含满了泪水，他打量着半数友好、半数漠不关心的面孔，然后双手一摊，像是厌倦了这场无助的战争，用缓慢的语气说道："我亲爱的朋友们，我和道格拉斯，谁来赢得美利坚合众国的参议员，都不重要；但是，我们在此提出的伟大的方案，将会带来巨大的利益，而这绝不是个人的政治利益！"说到这里，林肯再次停止发言，而所有听众已经被他的话深深打动；随后，他又说道："即使有一天，我和道格拉斯静静地躺在坟墓，今天所说的方案仍将与世长存！"

一位传记作家这样评价林肯的发言："朴素的话语，加之动情的表达，触动了所有听众的灵魂。"

林肯还有一个演讲诀窍，那就是在重点短语后面，稍作停顿，这样可以增强表达的力量。

奥利弗·劳兹先生在演讲的时候，也会在重点词句的前后加以停顿；有的时候，一句话甚至会停顿三四次之多。但是，在这一过程中，他做得非常自然，像是在无意识的状态中完成的一样。假如不是刻意去分析他的演讲方法，这一点是很难发现的。

吉卜林这样说道："善于利用句与句的停顿，能够更好地达到演讲的目的。"如果能够恰到好处地运用这种方式，那么我们就已经获得了演讲中最珍贵的武器。是的，任何演讲者都不能忽略这一有力的武器，虽然，演讲初学者常常忽视这一点。

下面这段文字，是有关福尔曼的演讲节选，我在需要突出语义的地方做了停顿标记。当然，这并不代表停顿的方式只有这一种，更不代表这是最好的停顿方式。事实上，在哪里停顿并没有严格的规定，停顿的方式依你所要表达的思想而定。也许，今天的演讲你在这里停顿，而明天，你又会选择其他地方停顿。

首先，请你不加停顿地朗诵这段文字；然后，按照我所做的标记，再朗诵一次，看看停顿会产生怎样的效果。

> 销售商品其实就是一场战争，（停顿，让战争二字深入听众内心）在这场激烈的战争中，只有勇士才能取得胜利。（停顿，让这个中心思想深入人心）也许我们并不喜欢这样，但是，我们无能为力。（停顿）所以，当你加入销售行业时，请一定要满怀信心和勇气。（停顿）如果你无法做到这一点，（停顿，制造悬念）那么，在遭遇打击的时候，你注定会走向失败。（停顿）击出三个本垒打的人是绝对不会害怕任何一个棒球投手的，（停顿）请大家切记这一点。（停顿）勇敢的棒球手只会一步一步更加成功，（停顿，引起听众的好奇心）因为他满怀坚强的信念。

请满怀感情地朗读下面几段引文，注意你在哪些地方做了停顿。

> 美国最大的沙漠并不在内达华、新墨西哥、亚利桑那，而是在人们的脑海中；这是一种宽广辽阔的精神沙漠。
>
> 世上到底有没有治愈百病的灵药呢？如果一定说有，那么公众的赞扬是唯一的灵药。

我不敢得罪两个人：上帝和加菲尔德。因为，生前我必须和加菲尔德一起生活；死后，我必须和上帝一起生活。

如果你们采纳了本章我所提出的建议，有些人可能会遭受失败的挫折。也许你的演讲抑扬顿挫，但是，你或许会犯一些语法上的错误，或者表现出笨拙的举止，以及其他一些令人不快的事情。那么，请在日常交往中，不断改进你的言谈举止，然后将其完善地运用在演讲中。

第七章
演讲者的个性和气质

卡耐基演讲协会曾对一百位优秀的商业人士进行智力测试，最终得出这样一个结论：取得商业成功最重要的因素不是高智商，而是个性和气质。

卡耐基演讲协会曾对100位优秀的商业人士进行智力测试，最终得出这样一个结论：取得商业成功最重要的因素不是高智商，而是个性和气质。

这一发现不论是对商业人士、教育者，还是其他专业人士，都具有不同寻常的意义。

在公众演讲中，除了准备之外，最重要的一点就是气质。艾尔伯特·哈珀德曾这样说道："在雄辩中，取得胜利的因素不在于内容的好坏，而取决于表达的形式。"气质是一种模糊不清的东西，我们无法像分析紫罗兰的花香一样去分析它。它是人各个方面的综合反映：外貌、精神、心理，其中包含了人所有的特点、偏好、性情、思维、经历，以及所有的生活内容。这就像爱因斯坦的相对论一样，令人费解。

一个人的气质与他所处的环境，以及先天的遗传息息相关；当然，气质是不易改变的。但是，气质可以培养，有意识地培养使之变得更具魅力。总之，我们必须珍惜上帝的恩赐，充分利用这笔财富，让它创造更大的利益。对任何人而言，这一点都无比重要，更值得探讨和研究。

如果想在公众面前充分展示你的气质，那么，请在此之前保证充足的休息。因为，一个疲惫、精神状态不佳的演讲者，是很难具有吸引力的。所以，千万不要在演讲之前才做准备，否则，你只会感到心力交瘁，最终，演讲也会失败，而身心和脑力也都会疲惫不堪。

假如下午4点，你有一个重要的会议，那么午餐的时候可以少吃一点，然后，休息片刻。不论对你的身体，还是精神，休息都是非常重要的。

在演讲之前，还需要注意饮食，你必须像圣人一样节俭地用餐。亨利·沃德·比切尔遇到晚上有演讲，在下午5点左右，他通常只吃上一些饼干和牛奶，除此之外，拒绝一切美味佳肴。

梅尔巴女士说："当我晚上有演唱时，在5点钟，我会吃上少许的食物，一点鱼肉、鸡肉，或者一些胰脏；另外，我会再吃上一个烘过的苹果和一杯水。每当我从剧院回到家里的时候，总会饿得饥肠辘辘。"

比切尔和梅尔巴的做法非常明智！可是，当我刚刚成为一名职业演讲家的时候，我并没有意识到这一点。但是现实教导了我，让我改正了错误的做法。每当饱餐牛排、法式炸土豆，以及沙拉、甜点一个小时以后，我的大脑会因为这些食物而变得迟钝，很难自如地发表演说。帕德列夫斯基这样说道："每当在音乐会前夕，我都会大快朵颐，但是那些食物总会不停地在心里翻腾，像是要跑出来渗入我的指尖，这让我沮丧极了！"

亲近你的听众

我经常会发表一些演说，有时是在中午时分人数稀少的大厅中，有时是在夜晚摩肩接踵的小厅中。但是，同一个笑料却有不同的反应，大多数情况下，夜晚拥挤的小厅总比下午稀疏的大厅笑声更猛烈。为什么会有如此不同呢？

这也许是因为，下午来的听众多数是一些年龄较大的妇女或者孩子，而夜晚的听众多是一些精力充沛、有主见的年轻人。

但是，真正的原因是下午的听众被分散在空旷的大厅中，他们的情绪不易被感染，空间距离最容易消减热情。

一次，在有关布道的演说中亨利·沃德·比切尔这样说道：

> 人们常常问我这样一个问题："大型演讲现场与小型演讲现场，前者是否更能鼓舞你的气势？"事实上，并非如此。听众再少，哪怕只有十几个人，但是他们只要能够集中起来，我仍然可以演讲得很好；而哪怕听众成百上千，如果他们不能分散开来，反而会影响我的情绪。所以，必须将你的听众集中起来，否则，不会收到好的效果。

当一个人处于一个大集体的时候，他往往极易失去个性，因为作为群体中的一员，他会出现从众心理。在演讲过程中，个人的情绪会因为对方而变化，与日常生活中相比，情绪更容易亢奋和激动。

所以，群体比个人更易采取行动。例如，在战争中，人们往往能够铤而走险。因为，他们是一个整体，团结就是力量。在反法西斯战争中，德国士兵们全部被俘虏，就在他们双手被铐的情况下，仍然能够奋勇而战。这一点，曾令世人震惊。

人群是一种非常奇妙的现象。历史上，所有伟大的行为和改革，都来源于集体。艾威特·迪思·马丁创作了一本有关这一主题的有趣的书——《人群的行为》。

所以，当我们要给少数人做演讲的时候，最好选择小厅，哪怕人群挤在一起也毫无关系。这绝对比人数散落的大厅要好得多。

如果，人数少，而又必须在大厅进行演讲，那么务必请你的听众们坐在前排，尽量靠近你！

同时，尽量亲近你的听众，站到人群中去。除非，听众太多，而你必须找个焦点，那么再登台演讲吧！因为在演讲中，我们要尽可能地营造一种亲密的交流气氛，千万要避免呆板、僵化的局面。

演讲者的活力与激情

切记，在演讲之前，千万不要去做有损精力的事情。演讲者所必须具备的素质是：活力与热情。而这两点，正是我在演讲者身上，苦苦寻找的东西。人们总喜欢聚集在精力充沛、活力四射的演讲者身边，就像一群野鹅喜欢围住一片秋谷一样。

在伦敦海德公园，常常能见到这样的情形：在大理石砌成的拱门入口处，汇集着许许多多拥有各种主张的演讲者，他们身边总是围绕着各色各样的听众。每周星期天的下午，你可以去那里选择自己喜欢听的内容，你可以去听天主教徒如何宣扬教皇；也可以去听卡尔·马克思的经济论；还可以去听有的人主张一夫多妻制……可是，有的演讲者身边围绕着很多人，而有的演讲者身边寥寥无几，这究竟是为什么呢？因为演讲题目的新颖程度吗？不，绝对不是，而是在于演讲者本人。

如果演讲者对自己的题目非常感兴趣，那么他的演讲也会很有趣，并且富有激情，而他的全身都散发着活力与魅力。这一切，注定他会成为焦点。

消除让听众分心的因素

这是我亲身经历的一件事情。加拿大总理在伦敦和安大略演讲的时候，演讲刚刚开始一段时间，大家都在全神贯注地听着，会场里十分安静。这时候，有个工作人员拿着一根长长的竿子，走到了演讲台上，为了给大厅通风他用竿子一个一个地把窗子拨开，大厅里的所有听众顿时都把注意力从演讲者的身上转到了这位工作人员的身上。

在演讲过程中，听众的注意力很容易被移动的物体和类似的事物所打扰。演讲者要避免受到一些无谓的影响，就要谨记这一点。

首先，演讲者一定不要玩弄身边的小饰物、摆弄手指，或者总是频繁地做一些小动作，因为这样，会使听众的注意力全部都集中在这些小动作上，从而严重影响自己的演讲效果，对此，我对一件事情一直记忆犹新——在纽约的一次演讲会上，因为演讲者一直在反复摆弄着一块讲台上的台布，一位听众就一直凝视着演讲者的双手长达半小时，可想而知，在那半个小时内，他应该什么也没有听到。

其次，如果演讲会场安排听众们坐下来听演讲，就要避免迟到的听要分散大家的注意力。

再次，嘉宾不应该留在演讲台上。

不久前，我参加了雷蒙德·罗宾斯在布鲁克林做的一系列演说。当时，我与其他一些人作为嘉宾被邀请坐在讲台上。但是我拒绝了邀请，因为觉得这样对演讲者很不好。在第一场演讲中，我注意到，听众经常会看看台上嘉宾，因为这些人经常会转一转身子，变换坐姿，或跷起二郎腿，而听众的注意力就会被这些举动不可避免地干扰了。所以，在第二天演讲前我告诉了罗宾斯我所看到这一情况。于是，接下来几天的演讲中，他就明智地让嘉宾坐到了台下。

因为怕分散听众的注意力，大卫·比拉斯可在演讲时，向来拒绝使用红色花朵作为讲台点缀。基于同样的道理，聪明的演讲者也不应该让与演讲无关的人坐在讲台上。

服饰对演讲的影响

一位心理学家兼大学教授，做过这样一项问卷调查：询问众人服饰对他们有什么影响。调查结果竟然非常一致：调查对象都认为，如果自己打扮一新，他们会充满信心，全身都是勇气，自尊心也会油然而生。他们还说，当衣着让他们变得魅力无边的时候，他们会渴求成功，渴求胜利。演讲者当然也会被衣着服饰所影响；而演讲者的打扮又会对听众产生什么影响呢？

我已经多次观察过这一点：如果演讲者穿着古怪的服装，上衣口袋还漏出一截水笔、铅笔、报纸或者烟斗；如果演讲者是一位女士，她穿着无袖衬衣，挎着一个肮脏、丑陋的钱包，那么，公众绝对不会向他们表示尊敬，就像他们不尊重公众一样。服饰整齐，往往是表现尊重他人的一个方面。

环境对演讲的影响

请保证演讲现场有充足的光线。在一间幽暗的房间里，是很难调动大家积极情绪的。

如果你阅读过大卫·比拉斯可有关舞台效果的文章，那么你会发现演讲现场的光线有多么重要。

让光线照射在你的脸上，让听众看清你的脸庞。你的任何一个细微的表情，都能够体现你个人的特色，而这正是演讲中自我表达的关键。有的时候，表情变换远比语言更为生动、重要。登台演讲之前，请你选择一个恰当的位置，可以站在灯光正前方，充分利用光线，这是非常重要的。

　　因为听众有一个习惯，他们总是对于演讲者本人很好奇，所以就希望能够看到演讲者的全身，因此他们就会时常侧身站在过道上观看演讲者的表现，会场秩序和场面也会因此而显得凌乱不堪。所以，当你走上演讲台的时候，请尽量不要让自己完全被遮挡在讲台的后面。

　　当然，有时候，演讲台上的一张桌子、一个精致的水瓶或者一个茶杯都是演讲会场热心的主持人为你精心准备的。但他们不知道，这是他们多余的担心，也许他们是好心，准备着在您口渴的时候能派上用场。可事实上，一点食盐或是一小片柠檬，远比一杯茶更合适解决演讲的时候遇到的种种尴尬。那些水瓶、茶杯不仅妨碍了美观，更妨碍了演讲者在台上的行动。

　　看上去整洁、漂亮，更是装扮得精致的百老汇汽车销售处橱窗，让人眼前有豁然开朗的感觉；法国巴黎的香水店和珠宝巨贾的办公室装饰得富于艺术情调而又个性张扬。他们这样做的目的是，当人们走进这样布置的房间时，会油然产生更强烈的自信、更多的敬佩和称赞。与此同时，人们也会对他们的产品产生信任，这是一石二鸟的策略。

　　正因为如此，当演讲者上台演讲的时候，拥有一个令人感觉清新的演讲背景作为衬托是十分必要的。在讲台上，摆放油画、挂上标语、一些不整齐的椅子，或一堆乱七八糟的东西，只会制造一种廉价、懒散、邋遢的气氛。亨利·沃德·比切尔曾经说过："在公众演讲的过程中，最主要的就是演讲者本人。"

　　所以，为了避免干扰听众的注意力，最为理想的布置就是任何物件都不要摆放，演讲者的身后、身旁都尽量不放置东西，但摆上一块整洁干净的黑布作为背景还是可以的。因此，要让演讲者醒目地站在讲台之上，就像瑞士湛蓝的天空下，那白雪覆盖的少女峰一样引人注目。

演讲者的肢体语言

　　谈到肢体语言要合理自然这个话题，我首先想到的就是在演讲中滥用一些肢体语言的现象。这让我回忆起了我的第一堂由美国中西部一所大学的校长讲授的公众演讲课。在那堂课上，校长教给我们很多经典的演讲的动作——这些动作不但一无是处，而且还让人误入歧途。我们被手把手地告诉，演讲的时候，要把手垂放在身体两侧，手指虚握同时手掌心朝后，拇指贴在裤缝上；同时，还被告知，在抬起胳膊的时候要与手腕相配合，做出海浪起伏的状态。在伸开手的时候，先是食指伸开，依次是中指、无名指、小拇指，这个动作像是在完成一项经典的飞翔。当一套滑稽的动作完成后，我们的胳膊又要垂放在身体两侧。这整套动作不知道是不是他的原创，这么没有创意，活活像个木偶在表演，没有真情的流露。

在这次沉闷无聊的课中，我们根本不知道如何在演讲中去激发肢体语言，也不知道怎样去使用；不知道真正自然的生活中如何插入生动的肢体动作；更没有意识到演讲和行为要大胆地放松自己，贴近听众。所以，那时候我们的演讲生硬得就如在古老的打字机上打字一样，就像小鸟找不到回家的路线一样没有了生机和活力，更像一份品质粗糙的杂志，里面的内容看起来是那么不合时宜。

你会觉得在今天居然还有人在教授这么笨拙的演讲动作，这简直不可思议。可事实上，就在不久以前，竟然出版了一本关于演讲动作的书。这本书从头到尾都在不停地告诫人们，在你演讲的同时每一句话都要有与之相配合的动作，哪些话要举左手，哪些话要举右手，甚至举手的高度和角度都有严格的控制。有一次，我就亲身经历了这样的一堂课。二十多个学生站在教师前面，他们手中拿着同样的一段演说词，显然这是一段从一本书中节选下来的极富华丽辞藻和严密逻辑的演说词。那些站在讲台上的同学都严格按照这本书中所写的，在一遍一遍演练着演讲时的动作，样子就像马戏团里的小丑，可笑至极。这种既无聊又毫无意义的说教让大家倍感疲惫。不久前，马萨诸塞州的一个著名大学的教务长宣布他们前大学没有开设公共演讲课程，因为他觉得开设这么没有实用性，又对演讲毫无帮助的课程简直是在浪费时间，对此，我很认同。

长期的实践证明，很多关于演讲举止的文章都是白白浪费笔墨纸张，一无是处。那些文章里所讲述的演讲动作应用到实际中的时候简直是矫揉造作。因为，真实的演讲动作是来源于演讲者的心灵、思想、表达的欲望。演讲者在演讲的过程中瞬间爆发的激情举动胜过任何格式化的动作。因此，演讲时的举止是人的内心世界的外在表现，正如人们的亲吻、悲伤、快乐、晕船一样，而绝对不是像在聚会中穿的礼服一样呆板无趣。

演讲者在台上的举止应该完全属于他自己，就和生活中的他一样。在对每一位演讲学习者进行演讲课程培训的时候，追求千篇一律的演讲风格是不可能的，而每位演讲者的演讲举止都应该具有自己的个性特色。我们不妨大胆的假设一下，如果把林肯缓慢、迟滞的讲台举止改换成道格拉斯幽默、端庄的风格，那一定会贻笑大方的。

据林肯律师事务所的合伙人、他的传记作者透露说："林肯在演讲的时候，运用头部多于手势。他在刻意强调演讲内容意义重大时，常常频繁地、满腔激情地甩动头部。个别时候，他也会突然挺直自己的身子和脖颈，就像可燃场扔进了电火花一样，让人感到激动和新奇。但是，他却极少用许多雄辩家都经常使用的剧烈的手部动作。在演讲中，林肯偶尔也会走动一下，但他绝不会设计自己演讲时的动作。在演讲中，他看上去显得无比轻松和极富魅力，又是那么的高雅和自然，从某种程度上讲，演讲时的他是那么吸引人。"

"林肯在演讲后的动作有一种大众化的意义和强调作用。当他的右手那细弱、有力的手指伸向听众们的头脑时，就为了表达一种喜悦之情，当他手心向上举起双手，几乎与地面成五十度角，好像在热情地迎接着他所向往的东西。他是非常看不起虚假、做作、卖弄是非的，如果要表达一种厌恶之情，例如针对农奴制，他会紧握双拳，高举双臂，在空中挥舞。这也是他的经典动作之一。从他的演讲动作中，我们就可以领悟到他废弃旧事物并永远把它们抛弃的坚定决心。林肯总是安静地站在讲台的中央，从不前后脚站立，在演讲中也不会用手扶着某些东西以寻求支撑。他从来不会在讲台上来回走动，只是改变一下站立的姿势。他有时会用左手握住外套的翻领，腾出右手去做一些手势，这只是为了放松一下紧张的手臂。"

上面提到的林肯的这个经典动作被圣人高登斯刻成了雕像，屹立于芝加哥的林肯公园里。

　　与林肯演讲时的举止相比，罗斯福的演讲则显得更加激情洋溢、热情似火、充满活力，他演讲时善于利用面部表情，这种激情贯穿于全身的每一个部位，他的整个身体都在散发着演讲的信息；布莱思在演讲中则经常挥动手臂；格莱特斯通却时常用手击打着桌子；劳德·罗斯伯利则会在高举右臂后用力落下。无论怎样，演讲者最应该具备的就是其精神和心理都要充满信念，只有这样演讲者演讲时的动作才会显得坚定有力、自然顺畅。

第八章
预先设计好演讲的开场

演讲的初学者往往会对自己大失所望，因为他们过分相信人在某一瞬间产生的灵感。他们发现：「沼泽和陷阱布满了自己前进的道路，如果一不留神，自己就会陷落其中。」

我曾经请教一位具有丰富演讲实践经验的人士，他是西北大学的前任校长雷恩·哈罗德·赫克先生，我问他，对于演讲者，什么是他最重要的东西。沉思片刻之后，他这样回答我："在演讲刚刚开始的时候，演讲者就应紧紧抓住听众的心。"这正是赫克先生演讲生涯的真实写照。事实上，每位具有常识和经验的演讲者都会这么做的，在每次演讲前，都会预先精细地设计好开头和结尾部分。

但是演讲的初学者往往会对自己大失所望，因为他们过分相信人在某一瞬间产生的灵感。他们发现："沼泽和陷阱布满了自己前进的道路，如果一不留神，自己就会陷落其中。"

已故的劳德·诺斯克雷夫，在他人生的最初阶段，他只是一个靠微薄的周薪度日的穷人，就在他经历一番奋斗之后，他成了大英帝国报刊业中最富有和最具影响力的巨头。巴加斯的"预见未来意味统治一切"这句话，被诺斯克雷夫尊奉为其成功至关重要的因素。

对于很多演讲者米说，什么样子的开场才能别出心裁、激活听众的思维，什么样子的演说才能被大家难忘，并印象深刻让人挥之不去，这是我们在演讲前都应该预想到的。

从亚里士多德时代的很多书籍中，就有了关于这一方面问题的记载。据这些书籍所记载，古希腊人通常把演讲分为三个部分：开场、正文和结论。甚至直至近年，演讲的开场部分也没有被充分地重视起来，而只是被大家当作随意的玩笑。100 年前，演讲者在社区中的作用就如今天的报纸、杂志、无线电、电视、电话、电影一样。也就是说，那时的演讲者既是新闻的传播者，同时也是供人娱乐的对象。

然而，如今这种情况已发生了根本性的改变：世界各国之间的联系已非常密切，各种发明创造也极大地促进了我们生活节奏的加快，这远远超越了伯沙撒王和尼布甲尼撒二世以来的任何一个时代。就如现在，我们已经拥有了汽车、飞机、无线电和电视等工具，到达世界各地或获得任何一个地方的信息，都变得方便快捷。因此，身为现代的演讲者，必须紧紧跟上时代快节奏的步伐，演讲中的一段开场白一定不要拖沓，但一定要像路边的广告一样简洁明了。

无论如何，你应该牢牢记住，如今的听众已经和以往大不一样，他们在听演讲时通常会这样想："想要演讲吗？当然可以，但一定要言简意赅，节省时间。"

　　伍德·威尔逊在国会里就关于进行潜艇战的问题，进行演说时，仅以 24 个字就抓住了听众的心灵，并切入主题：

　　根据当前的国际形势，现在，我有责任向在座的各位坦诚相告。

　　查理斯·斯克韦伯对纽约的宾夕法尼亚社团发表演说时，在他演说的第二句话便切入了正题：

　　当下，经济萎靡不振是美国民众所关心的头等大事，这意味着什么呢？会有怎样的前景？我对此持乐观态度……

　　那么，刚刚涉足演讲的初学者是否也应该效仿这些经验丰富的演讲者，用精炼简洁的语言开始演说呢？一般情况不是这样的。未经培训和学习的演讲者绝大部分都以某种不好的演讲方式开场，这些方式一般分为两种，我们分别讨论。

投听众所好式开场

　　开始演讲最佳方法之一，就是在演讲开始时，演讲者一定要知道听众的兴趣所在，再确定演讲的内容。通过这种方法抓住听众的心灵是无可厚非的。因为，能够深深打动我们心灵的，就是我们感兴趣的事情。

　　这是毫无疑问的。但是，能够真正把选题深入听众心灵是非常有难度的。我就曾经听过一场名为"定期健康检查的必要性"的演讲。你很难想象他会以这样乏味的方式开始自己的演说，首先他长篇累牍地讲述了生命科学技术学院的历史，以及生命科学院的运行机制和它所能够提供的种种服务。这样的开场简直无聊透顶！现场的听众没有人会对生命科学院的发展历史感兴趣，他们来听这场演说的目的是因为他们更关注自己！

因此，怎么能够忽视这个人之常情呢？为什么没有把生命科学技术学院与大家的密切关系做详细的解释呢？身为演讲者，你完全可以这样来说："根据人寿测算表显示，你是否知道自己能活多久呢？正如保险业精算师计算的那样，人的待活寿命是现在年龄与八十岁之差的三分之二，比如说，你现在三十五岁，那么与八十岁之差就是四十五岁，你的待活寿命就是四十五的三分之二，也就是三十年。这段所剩时间对于你来说足够吗？明显是不够的，我们每个人都希望自己能多活几年。可是，生命测算表的数据是根据数百万人的寿命情况测算出来的结果。我们甚至希望自己就是一个例外，如果平时你能多注意保养自己的身体，这个愿望是有可能会实现的；然而，想要实现这个愿望，定期的健康检查对你来说就是十分必要的……"

如果随后再来详细解释定期健康检查是必要的原因，听众也就会对提供健康检查的服务机构感兴趣了。因此，在演讲的开始阶段就谈论这些机构，而且是不带任何感情色彩的论述，对于一场演讲来说是失败的。

此外，还有一个例子：

曾经有一场关于保护森林资源迫切性的演讲，这是一位学生进行的演说，我也曾去听过。他以这样的话作为演说的开头："身为美国人，我们应以自己拥有丰富的资源而倍感骄傲。"在随后的演说中，他就讲述了我们在毫无节制地乱砍滥伐自己的森林。令人遗憾的是，因为这个开场所说的话过于概括和抽象，这是一个非常糟糕的开场。他的讲话就像一台机械的打印机，没有使听众感到滥伐森林与生命有密切的关系乃至生死攸关的影响，假如听众中有一位银行家，因为滥伐森林会影响到社会的繁荣，那么，滥伐森林也就影响到了他的银行经营。而事实上，这也实实在在地影响到了商业发展的利益。所以，这个演讲的开场完全可以这样开始："我在这里所演讲的这个主题完全能够影响到在座各位的生意乃至前途，比如在座的阿波巴先生、索鲁先生。实际上，换句话说，甚至是我们的衣食住行也会被影响到，整个社会

的福利和昌盛也会为之动摇。"

这样的开场方式是有意夸大保护森林资源的重要性吗？当然不是。这只是遵循了阿尔伯特·哈伯德的教导而已："先要把一幅画放大，然后再以一种吸引人们注意的方法把欲展示的东西安排好。"

幽默式开场

令人感到可笑的是，演讲的初学者常常自我感觉很幽默。他也时常会幻想自己应像一本百科全书那样知识丰富，博大精深；而当他上台发表演说时，他又幻想自己拥有马克·吐温的幽默，设想着最好的场景应该是在晚宴后举行演讲时，以一个幽默作为开场白的演说，使得八方来客为之称奇。

然而，在场的人们所感知的只有平淡无奇、繁缛冗长、堆积辞藻、毫无意义可言的长句子。而所谓的幽默的开场白，所谓的口若悬河的演讲方式，也只让演讲者显得肤浅，这样的演讲很难引起听众的兴趣。如果发生了数次这样的情形。那么，这位演讲者将会被听众报以嘘声而不再受到大家的欢迎。听众出于同情之心，偶尔会刻意地给予他几声附和。我们似乎对这样的场面已经司空见惯了。

那么，在演讲中，最珍贵和最难得的东西到底是什么呢？当然不是让人发笑的东西，幽默只是演讲者让自己的演说更加精彩的手段，一次演说中实质性的东西是人的个性品质。

大家都明白这个道理，绝大多数故事本不是可笑有趣的。演讲中成功运用故事的关键在于讲述故事的方式。

一位刚刚去世不久的旅行者，曾在一次回家的途中经过伊利诺斯的草原时，很不幸地遇到了一场暴雨。这样的雨夜漆黑一片，没有一丝光亮；大雨倾盆而下，犹如银河决裂；雷声轰隆隆地震得人耳朵发麻，好像炸药爆炸一般；一个接

一个的闪电映照出恐怖的树影。于是，这位旅行者终于被他
有生以来第一次见到的这样的灾难吓得跪下了。更让人不可
相信的是，他连祈祷上帝的欲望和冲动也丧失了，只能断断
续续地喃喃自语："噢，上帝啊，请赏给我一点点的光亮、
减弱这怒吼的声音吧。"

或许，你很幸运地拥有着上帝赐给你的幽默天赋。那你就不要辜
负这种幸运，并且要想尽所有办法来挖掘和培养这种才能。但是，如
果你没有幽默天赋而有其他的才能，并且你正在努力模仿查恩西·戴
普尤的风格，那么，真正的自我就被这种无知的举动所掩盖了。

你也许会惊讶于查恩西·戴普尤、林肯和乔布·赫杰斯的演讲在
开场中几乎没有引用故事。埃德文·詹姆斯·致特尔曾经向我讲述他
的演说经验，他从来不会为追求幽默感而讲述一个有趣的故事。如果
非要在演讲中穿插一个故事，那它必须和演讲的内容相关，它应该为
阐明论证一个观点而服务。幽默扮演的是蛋糕上的冰淇淋或蛋糕层与
层之间的巧克力的角色，而它绝对不能代替蛋糕本身。身为美利坚合
众国最幽默的演讲家之一的斯垂克兰·哥雷兰，在演讲开始后的三分
钟里，从来不会讲述故事。这种习惯，已经成为他演讲时的一个不成
文的规定。大师们都是这样做的，我们为何不借鉴他的做法呢？

既然演讲的开场不讲故事，这并不意味着每场演说的开场白都是
死气沉沉的。当地发生的一些新闻，演讲现场的一些情况或其他演讲
者的评论都可以活跃听众的情绪，夸张地描述一些不和谐的现象远比
过时的笑话更能营造出幽默的氛围。

能够制造出喜庆的气氛，在众多方法中最行之有效的莫过于自
嘲。能触及幽默的实质的就是讲述自己曾经的一些荒唐的举动和遇到
的尴尬事件。

你可以借鉴一下鲁德亚德·吉卜林在英格兰做政治演讲时的开头
部分，看他是用什么方法让听众发笑的。在这个演讲中，他就很幽默
地把一些不相关的东西放置在一起，讲述的也是自己的亲身经历，并
没有编写那些奇闻轶事。

女士们，先生们：

年轻时，我在印度工作。我的任务就是为一家报纸报道刑事案例，这是一件非常难得和有趣的工作。因为这项工作，我能够接触到那些做伪证的人、盗用公款的人、谋杀的人以及具有类似冒险精神的运动的人。（笑声）对他们的审判报道结束后，我也会常常去监狱拜访这些我的朋友。（笑声）在这些朋友中，我清楚地记得有一位判谋杀罪的人，他是一个十分喜欢与人交谈而且健谈的人，他对我讲述他的人生经历："我的存在只有人们的正常生活变得困难时，才会被注意到。接着我就被从人群中隔离了出来，随之，人们正常的生活又恢复了。"（笑声）是的，正如他所说的，我们的监狱就是用来隔离他们这些人的。（笑声和掌声）

与鲁德亚德·吉卜林的演讲方式几乎如出一辙，威廉·霍华德·达夫特在都市人寿保险公司的管理者年会上的演讲开头也颇为幽默。

尊敬的董事长及在座的各位先生们：

我回到家乡，已经是九个月前的事情了。在那儿的一个傍晚我听到了一场演讲，演讲的人带着一些不安。他这样告诉台下的听众：在这个演讲前，他曾向一位具有丰富晚间演讲经验的朋友咨询如何进行晚宴后的演说，这位朋友告诉他，晚间演说最好的听众是那些有智慧的、受过优等教育并会自我放松和享受生活的人。（笑声和掌声）现在，我不得不说，现场的各位先生具备了那位朋友所要求的所有因素，是我所见过的最好的听众。（鼓掌）我也认为，这正是都市人寿保险公司的精神。（长时间的掌声）

道歉式开场

道歉是演讲初学者在其开始进行演说时应避免的第二个错误。谨记一定不要说出这样的话：我不是一名优秀的演讲者……在演讲前，我的准备不充分……我没有什么可说的……因为听众将无法理解，演讲者为什么会以道歉的方式开始演讲。

换句话说，即使你对演讲没有做好准备，不说出来，也很少有人会发现这一点。因此，何必让所有听众都知道你没有做好准备呢？何必被听众误解为你不重视这次演讲而得到不被尊重的感觉呢？又何必让听众感觉你是在用一种不负责任的态度在敷衍他们呢？

所以，在演讲的开头向听众道歉是毫无意义的。听众根本不愿意听到演讲者这种毫无意义的解释，作为演讲者的你一定要牢记，他们只想从你这里获得更多的有价值的和他们感兴趣的东西。

通常，确定无疑的是，听众会立即被站在讲台上的演讲者所吸引。但是，演讲者想要始终控制着听众的注意力是比较困难的事情。而且，在演讲过程中，演讲者要想在听众都已经丧失对演讲兴趣的情况下，重新赢得听众，是非常难的事情。因此，在演讲的开始阶段就激发听众们的兴致是至关重要的。一定要牢记，寄希望于演讲的第二句、第三句话，来赢得观众的关注，绝非一件容易的事情，你要做的就是牢牢把握住第一句。

也许，你现在就会问我："应该怎样去做呢？"说实话，这不是轻而易举能够回答的。因为演讲者本身、听众、演讲的主题、演讲素材的好坏、演讲现场情况等因素都所有不同，在积累演讲素材的过程中，可能要走很多弯路和冤枉路，但是，我希望下文所提出的一些建议会对你在今后的演讲过程中有所帮助。

悬念式开场

下面是一场精彩演讲的开头部分，这是鲍威尔·希利在费城的贝思艺术俱乐部的演讲。不知它能否迅速激起你的兴趣，赢得你的赞赏。

有一本小册子，已经在伦敦出版八十二年了。经历了这么长时间，事实证明这是一本不朽的著作，许多人称赞它是"世界上最伟大的小册子"。在这本小册子出版以后的相当长的时间里，每逢朋友们在斯特兰德街或普尔马尔聚会时，他们一定会问："那本小册子你读过了吗?"回答几乎是一样的："感谢上帝，当然，我已经读过了。"

这本书出版的第一天的销量，就创下了一天售出1000余册的记录，这本书在随后的两个星期里，共售出了15000余册。从那以后，这书被翻译成了数国语言，并且被印刷了很多次。

你一定会认为这是一段成功的演讲开头，它极大地激起了你的无限的、浓厚的兴趣。这一切都是因为，它引起了你的好奇心，并设下了无数悬念。

有谁能抗拒自己的好奇心呢?

因此，要想在开始演讲时就吸引听众的注意力，一定要尽快地激发他们的好奇心。关于劳伦斯上校在阿拉伯的经历，洛沃·托马斯常常这样开始他的演说：

劳伦斯上校是我所认为的现代最浪漫和最感性的人物之一。

以这样的方式开始演说有两大好处。第一，一位名声赫赫的人物总会让人们特别地关注他；第二，人们的好奇心也很容易被激发出来；"怎样成为最浪漫的呢？"这个问题自然流露了出来，还有"怎样会是最感性的呢？我从来没有听说过这个观点啊……他究竟都经历过些什么呢？"

洛沃·托马斯对于劳伦斯的演讲往往这样开始。

　　有一天，当我正漫步在耶路撒冷的克里斯汀大街上时，我遇到了一个身穿华丽外衣的人，以他的衣着判断，他似乎象征东方的权贵者，在这个人的身侧之处，佩戴着一柄弯曲的金剑，这样的金剑只有预言者穆罕默德的后代子孙才有资格佩带。但是，从外表来看这个人绝不是一个阿拉伯人，因为，他的眼睛是蓝色的，而真正的阿拉伯人的眼珠是黑色或棕色的。

这样的一段开场白一定引起了你无限的好奇，你一定想听到更多的内容：这个人究竟是个什么人？他打扮成一个阿拉伯人的样子有什么原因吗？他想要干什么？他究竟长得什么样子呢？

演讲者激发听众好奇心的一个好方法就是，在演讲的开场设置一个结果，这样使得听众迫不及待地想知道事情的来龙去脉。例如，有位学员引人注目地以下面这段的文字开始了他的演讲。

　　在《星期六晚间邮报》中有一篇命名为《关于歹徒》的文章，在文章的开头是这样写的：
　　歹徒们是有组织的吗？正常情况下应该是肯定的。那么，他们是通过什么方式组织起来的呢？

短短几句话的描述，你就明白了文章的主题是什么，他言简意赅地向你解释了文章的内容，并且很快地引起了你的好奇心：歹徒是通过什么方式组织起来的。

所以，我们十分坚定的一点是：每一位想要置身于公共演讲的学员必须学会一些技巧，这些也是杂志作家们经常使用的，能够马上激发起读者好奇心的技巧。这种学习，比研究演说更有实效，你能够获得更多的知识，从而指导你开始一场成功的演讲。

故事式开场

我们喜欢演讲者讲述自己亲身经历的事情，这会引起我们极大的兴趣。罗塞尔·肯沃尔演讲《钻石天地》多达 6000 余次，这样的结果，也为他赢得了百万家财。那么，这样一篇倍受欢迎和青睐的演讲的开场是怎样的呢?

> 1870 年，我们沿着底格里斯河出发。当我们到达巴格达的时候，我们雇了一位向导，这样，通过他的帮助，我们就可以找到波塞波利斯、尼尼微和巴比伦……

很明显，演讲者讲述了一个故事，而并未开门见山直奔主题，听众们的注意力被这个有趣的故事所吸引。以这种方式开始的演讲，几乎是万无一失的。听众们的思绪会随着故事的发生、发展，不断思考接下来即将发生的事情。

下面是分别节选自《星期六晚间邮报》里的两个故事中的首句:

> 1. 四周的沉寂被尖锐的枪声划破了。
> 2. 多佛市的蒙特危右旅馆在七月份的第一个星期，发生了一件非同寻常的事情。这个旅馆的经理高贝尔对此产生了极大的兴趣，因此，他把这一情况告诉了该旅馆的所有者斯代夫·法拉第，以及其他几家法拉第旅馆，而此时，还有几天的时间就该斯代夫仲夏巡视了。

请留意这些在文章开头发挥重要作用的词语。它们总是想让你急于知道更多的故事内容，使你想把故事中的一切都弄个水落石出。这样的故事启发了下文，激起了听众的好奇心。对于演讲的顺利进行，起到了很好的作用。

即使你是一个没有丰富演讲经验的演讲者，只要你会运用"以故事开头"这种技巧，并能够从故事开始，激起听众的好奇心理，也同样可以使演讲成功地进行到底。

举例式开场

长时间地去理解一个抽象的陈述，对于普通的听众来说是相当困难的。要是换成实际生活中的事情，听众理解起来相对就要容易得多了。所以，用一个具体的事件，开始你的演说不是很好的事情吗？也许，对于演讲者来说，这并不是一件容易的事情，这样的事情我们都经历过，所以也深有体会。但是，许多人在演讲的开头部分，就先作观点的总体阐述，这并不是好的演说方法。事实上，应该先用一些事件来引出观点，这样就激发了听众的好奇心和兴趣，随后再阐明一般性的论述。

快乐＝物质/欲望。这是美国经济学家萨缪尔森提出的快乐方程式。从经济学的观点看，物质消费越大，欲望越小，快乐就越大，正应了中国人的一句古话"知足常乐"。反之，如果一个人的物质消费有限，而欲望无穷大，将会怎样呢？如果我们的演讲需要回答上面的问题，我们不妨在演讲开场时以莫泊桑的小说《项链》为例来讲讲。

小公务员的妻子玛蒂尔德为参加一次晚会，向朋友借了一串钻石项链，不料回家途中不慎丢失。她只得借钱买了新项链还给朋友。为了偿还债务，她节衣缩食，为别人打短工，整整劳苦了十年。最后得知所借的项链原是一串假钻石项链。

说到这里，演讲者可以毫无痕迹地代入演讲主题：当一个人不懂得"知足常乐"，物质消费有限，而欲望无穷大时，将发生什么样的事情。那就会和小说中的玛蒂尔德一样，用了一生的青春美丽为一串假项链买单。

现在，你知道使用这种技巧的好处了吧？

提问式开场

演讲者手里拿着某个东西向众人挥舞展示，然后提出自己的问题，可以说是世上最简单的引人注意的方法了。然后听众就会跟随着演讲者的思路，两者能够相互配合。即使是未开化的野人、有精神问题的人、摇篮里的婴儿、商店橱窗里的猴子以及街道上的狗等，他们都会对这种刺激方法产生反应。而且，如果在座的是一些素质很好的听众，那么这种方法就是行之有效的最好的方法。

费堀的艾利斯先生在他的一场演讲的开始阶段是这样做的，他用拇指与食指夹着一枚硬币高高举起，显然，在场的每一位观众都看得清清楚楚。接着，他开始询问在场的听众："平时，大家在走路时是不是也曾捡到过这样的硬币呢？幸运的是，拥有硬币的人在不动产的开发过程中，能够赢得很多种便利，最简单的方法就是，他只需交出这枚硬币……"随后，在他的演讲中，强烈的抨击和谴责了在不动产开发过程中出现的错误和各种不道德的行为。

这种运用最简洁、最安全的方法进行的提问，活跃了听众的思维，同时也使你全神贯注地沉浸在演讲之中。所以，当其他演讲技巧不是很成功时，你可以试一下这个方法。

引用式开场

杰出人物的话总是能够引起人们的极大关注。因此，开始一场精彩的演说，不妨适当地引用一些名人的语句。你也许会对这段"商业上成功"的演说的开头部分，大加赞赏：

> 有这样一个东西，对于这个东西的奖励世人将会给予它金钱和荣誉。而这个东西就是创新。那么，究竟什么才是创新呢？创新就是正确地、独立自主地去做没有先例的事情。

这个开场有很多值得我们在演讲时学习的东西：这段话的第一句话便引起了听众的好奇心，他们迫切地想弄清楚演讲者所说的那个东西到底是什么。如果演讲者在第一句话结束后，有意地稍微停顿一下，这就会给听众留下一个悬念：人们为何要给这个东西奖励呢？不论答案是什么，也不管听众对这个观点会不会认同，大家都很想知道究竟为什么。第二句话直接切入主题。紧接着，第三句话提出了一个疑问，通过提问的方式，可以引起大家对主题的关注，并积极去思考，能够使听众融入演讲之中，而这正是听众们所盼望的事情。最后结尾处第四句话对"创新"给予了简单明了的解释。这段开场部分演讲完毕后，演说者随之用了一个有趣的事例说明了他的观点。

惊世骇俗的开场

著名期刊的创立者迈克鲁尔，曾经这样说道："拥有翔实的感动人心的真实材料的文章，才是一篇好的报刊文章。"这些事实材料应该是别出心裁、洞察人心的。

大家知道吗，一个在玻璃上爬行的苍蝇，它发出的声音经过无线电传播从纽约到达中非后，这种声音就能发出和尼亚加拉大瀑布一样的轰鸣。

保罗·吉朋斯先生在担任费城乐观者俱乐部主席时，以这段精彩的文字揭开了他的演讲的序幕：

> 这样说一定会让你瞠目结舌，难以置信：美国是世界上犯罪人数最多的地方，这是真真切切的事实。在路易斯大街，每年参与谋杀的人数超过了英格兰和威尔士的总和。在俄亥俄州的克利夫兰镇，每年参与谋杀的数字是全伦敦的6倍，抢劫的次数是伦敦的170倍，这一数字甚至比英格兰、苏格兰和威尔士的总和还要多。在纽约城，那里的谋杀人数也多于法国、德国、意大利或者不列颠群岛，然而，令人感到更加悲哀的是，如果犯了谋杀的罪行，受到审判的概率不到百分之一，罪犯也并不会因犯下了如此滔天的罪行而受到惩罚。换句话说，患癌症而死亡的人，是因杀人而被处于绞刑的人的10倍。

因为吉朋斯先生在一字一句中所透出的满腔的激情和力量，这段开场演说词获得了极大的成功。而且，材料的真实性让人感觉历历在目。后来，有其他学生也模仿他的模式做开场演说词，结果却没有这么好的效果。这是什么原因呢？虽然这些人在推敲句子结构技巧方面很有研究，但是缺乏内在的激情的语言，和他们演讲方式的不恰当都使演讲内容的吸引力或多或少地削弱了。

倾述式开场

你一定会对下面的演说词称赞不已，但你知道为什么吗？这是在立法禁止儿童婚姻之前的数天，玛丽·里奇蒙在纽约妇女选举社团的年会上所做的演说。

"昨天，火车途径离这不远处的一座城市时，勾起了我的一些回忆，在那座城市，几年以前发生了一桩令我记忆犹新的婚姻。现如今，在我们国家里，有许多盲目和悲惨的婚姻都如那桩婚姻一样，所以，请允许我把那桩婚姻的细节在今天的演讲中，介绍给大家。

"事情发生在几年以前的 12 月 12 日，一位正在读高中的 15 岁女孩，在那座城市里，邂逅了一个男孩，这个男孩在附近的一所大学读一年级。12 月 15 日，也就是三天后，他们谎称女孩已经年满 18 岁，他们就这样免除了需要经过父母的同意才能建立家庭的条件，领取了结婚证。他们在离开了这个城市的婚姻登记处后，立即去了一位神父那里（那个女孩是一位天主教徒），然而，他们举办婚礼的请求被这位神父委婉地拒绝了。女孩的母亲通过这位神父，知道了一切。随后，她立即去寻找自己的女儿。然而，女孩已在母亲找到她之前就和那位男孩由法律宣布结成了夫妻。婚后的两天两夜他们一直居住在一家宾馆里，随后，男孩便抛弃了女孩，他们再也没有生活在一起。"

我个人非常喜欢这种方式的开场白。首句简明扼要地先向大家说明要讲述一个有趣的往事，利用听众的好奇心理，大家会迫不及待地想知道故事的前因后果，于是，大家自然而然地安静下来听演讲者讲故事。除此之外，这句话并不矫揉造作，不沾一丝古板的经院作风，也不会让人感到凝重和故作深沉——"昨天，火车途径离这不远处的一座城市时，勾起了我的一些回忆，在那座城市，几年以前发生了一桩至今令我记忆犹新的婚姻。"

这句话听上去多么自然和充满人性啊，就好像一个人在向另一个人讲述一则有趣的故事。听众总是乐意听到类似这样真情流露的声音，而会排斥那些听上去过于追求形式和刻意准备的演说。因为，朴实的艺术才是我们所追求的。

第九章
如何完美地结束演讲

显而易见，整个演讲中最具有全局意义的一环就是演讲的结尾。演讲者的结束语在演讲结束后，将会深刻地留在听众的心中。然而，演讲的初学者极少意识到这一环节的重要性，在这一点上，他们还有很多要学习的东西。

开头与结尾是演讲中最能体现一个演讲者水平的两个部分，几乎在所有的活动中，都是最难处理的环节。开始与结束的场面在各种重大的社会庆典活动中，都使人们力求完美。在各种商业会晤中，要营造成功开始的氛围和圆满结束的场面也是最难做到的。

显而易见，整个演讲中最具有全局意义的一环就是演讲的结尾。演讲者的结束语在演讲结束后，将会深刻地留在听众的心中。然而，演讲的初学者极少意识到这一环节的重要性，在这一点上，他们还有很多要学习的东西。

一般看来，演讲者会忽略哪些事情呢？让我们尝试着对这些初学者所犯的错误进行分析并找出相应的对策吧。

首先，一些演讲初学者在演说结束时会说："我能说的都说了，我想我的演讲该结束了。"这样说是错误的，不能算作是演讲的结尾。当你感到没有什么可以再说的了，并不需要告诉众人你已讲完了，只要立即坐回原位就可以。事实上，这个无声的动作，就是向听众们暗示，你的演讲已经结束了。

其次，还有一些演讲者不知道该怎样中止他们的演说，即使他们已经告诉了听众，演讲即将结束。若想让牛停下来，不要去抓牛角而要去拽牛尾巴。而这些演讲者就是那种企图通过抓牛角而让牛停下来的人，费了吃奶的力气，却不能让牛停下来，给听众留下了极不好的印象。

在这种情况下，我们就要采取相应的补救措施。我们要始终坚持的就是：务必对演讲的结尾部分有一个充分的准备。

控制好演讲时间

现在，任何与快节奏的时代主旋律不相符的演讲都会引起听众的厌恶，它是不受欢迎的。在此我给大家讲一件我的亲身经历。

在布鲁克林大学俱乐部举行的一场晚宴上，晚宴期间，许多演讲者都已发言了。晚宴一直持续到深夜还没有结束，将近深夜两点的时候，一位博士起身开始演说。此时此景，

任何一个聪明，识时务、具有洞察力的人，都会言简意赅地
结束演讲，让大家尽早回去休息。令人遗憾的是，这位博士
花了 45 分钟，作了一场关于反对动物解剖实验的演说。在
他的演说还没进行到一半时，听众们早就不耐烦了，他们此
时多么盼望能有人打断这场演讲啊。

尼亚萨市阿克迪肯镇的约翰逊博士曾经编写了一本关于非洲土著
居民的书。为了写好这本书，获得了第一手真实的资料，他与那些土
著居民共同生活了 49 年。他在这本书中写道：

> 在部落举行的例会上，如果演讲的人占用了太多的时
> 间，部落的居民就会极不耐烦地大喊道："够了！够了!"
> 然后大家一起把他轰下台。据说，在别的部落，演讲者只能
> 单腿着地进行演说，如果他的另一只脚也着地了，就要结束
> 他的演讲，这无疑是控制演讲者演讲时间的好方法。

对于生活在现代文明社会的我们来说，可能会比那些原始部落的
人更具有涵养和礼节，但这并不意味着我们能忍受长篇大论的演讲。
所以，我们要从故事中得到教训，在教训中吸取经验，取得
成功。

总结演讲要点

即使是一场几分钟的简短演说，也常常会涉及方方面面的内容；
也往往会出现在演说结束时听众却感到一头雾水，不明白演说者到底
要表明什么观点的情况。

令人遗憾的是，在这个问题上，只有极少数演讲者能够意识到，
而其他大多数演讲者都陷入了一种误区，因为他们认为，既然已经讲
得十分清楚了，听众就理应明白他所说的话。然而，事情往往事与愿
违，演讲者早已对演讲的要点，烂熟于心；但是，演讲的内容对于听
众来说，却是新奇而又陌生的，它们就像是投向了现场众人的一把子

弹，它们中有的会令人记忆深刻，但大部分会使听众困惑不已，演讲的内容就这样被听众忘记了。在演讲的最后，听众最终是不知其所云的。

据报道，有位不知名的苏格兰政治家的做法值得借鉴：首先，打算讲些什么要告诉听众；接着，开始演讲；最后，自己演讲的主要内容在演讲结束时应进行重申。这种三部曲的演讲方法还是很实用的，而且，从实际效果上讲，"演说主要内容的重申"是非常明智的做法。所以，养成"总结演讲要点"的好习惯，在演讲时是十分必要的。

让我们一起来欣赏，一名芝加哥铁路运营公司经理的优秀演讲。

先生们，在我们的东部、西部、北部铁路支线上这种制动装置已得到了广泛地应用。一年来，我们避免了多起事故的发生，并且挽回了大量的经济损失。事实证明，这是因为在操作中我们运用了完美的操作原理和方法。所取得的巨大成就，使我迫不及待地决定，这种制动装置在南部铁路支线也要安装上。

所有的一切都已涵盖在这几句话之中，使得听众在演讲结束时，对整篇演讲的内容一清二楚。这位演讲者演说的目的，就是迫切地想让有关人士采取行动：在南部铁路支线上安装一种制动装置。演讲者列举了采取措施后将能够避免的事故和经济损失额，就是为了实现自己的愿望，最终，他的愿望实现了。更值得我们关注的是，这是一篇在一家铁路公司董事会上所作的演讲，它的价值不仅仅是供人练习。这个演讲结束后，演讲者呼吁安装某种制动装置的要求得到了实施。

赞美诚挚，真情流露

伟大的宾夕法尼亚州应在大步向前迈向新的征程之时，占领时代潮流的最前沿。她拥有实力雄厚的钢铁业，并且早就孕育了当今世界最大的铁路运输公司，而且它还是全美第

　　三大农业产地……

　　这是查尔斯·斯克韦伯在纽约的宾夕法尼亚社团聚会上，所作的演讲的结束部分。随着他的演说的进行，听众们也沉浸在了一种激动、欢乐、幸福的氛围之中。不言而喻，这是一段精彩的演说结束语。但是，在演讲中，只有演说者真情的流露，才能取得完美的效果，而不是虚假的奉承和随意的夸张。

　　当然，如果能引用一段名言来支持你的演讲，那是最好不过的事情了。一句精选的名言通常具有很强的说服力。著名的金融家弗兰克·万得利普在对美国的同盟国就美所欠的债务发表演说时，以这种方法作为演说的结尾，取得了良好的效果。

　　　　如果我们固执地坚守自己的要求，那么有些要求很可能永远都不会实现。如果我们只顾自己，那我们将会引来仇恨，不可能获得金钱。如果我们心胸开阔——明智的心胸开阔，那么将会实现一切要求，而且，这种获得绝对超出我们的预算。因为"心中只有自己却没有他人的人，最终会成为一个一无所有的人；心中只有他人却没有自己的人，终将没有任何缺憾"。

把气氛导向高潮

　　在演讲的末段把气氛导向高潮是一种颇受青睐的方法。然而，想要用好这种方法却很不容易，而且，并不是所有演讲者或是演讲题材都适用于这种方法。但是如果这种方法运用得恰如其分，那么它将大大加强演讲的效果。我们在前面曾介绍过一场获奖的演讲，其结尾部分正是运用导向高潮方法的优秀例证。

　　林肯也曾运用把气氛导向高潮的方法作过一场关于尼亚加拉大瀑布的演讲。在这场演说中，他把尼亚加拉大瀑布存在的历史年代与哥伦布、基督耶稣、摩西与亚当等所在的历史年代相比较，他的演说如海浪滔滔，如河水连绵，最终达到演讲的高潮。

温德尔·菲利浦同样使用了这种演说的技巧来评述图斯森特·欧沃特。在这样一个务实的时代，菲利浦的演讲虽然措辞华丽，但却充满激情，显得活泼风趣，所以，他的这段演说曾出现在各种关于公共演讲的书籍中。温德尔·菲利浦在演说中评价约翰·布朗和图斯森特·欧沃特的历史价值时，预言"他们的真知灼见在五十年后才可能被世人所认识"。由于这篇演讲是在五十多年以前创作的，所以现在看来，温德尔·菲利浦的预言似乎有些滑稽。众所周知，预测历史就像预测明年的股票市场和油价一样，几乎是毫无意义的。但温德尔·菲利浦的演讲依然给人留下了极其深刻的印象。

结尾少不了幽默

乔治·柯汉曾经说过："你应在听众的笑声中，结束你的演出。"正如他所说的，幽默的天赋和好笑的素材你都具备了，这样，你就万事俱备了。那么我们该怎样运用这些因素呢？如哈姆雷特所说，这是一个值得思考的问题。而每位演讲者都应该用自己的方式处理这些问题。

当劳德·乔治在对无比庄重的主题——约翰·韦斯利的墓碑发表演讲时，把一群卫理公会派教徒逗得险些喘不上气来，这是谁也不敢奢望的，但他却用高超的智慧和华丽动听的语言打动了听众，使得这次看起来毫无生气的演说，成为一段佳话：

我非常高兴地看到，大家能够共同携手修缮韦斯利先生的坟墓。你们这种伟大的行动应载入荣誉史册。众所周知，韦斯利先生是非常注重整洁的人，他说过的一句话，至今我还清楚地记得："身为一个卫理公会派教徒，衣衫褴褛是决不能出去见人的。"事实上，至今我们从未看到过一个衣装不整的卫理公会派教徒。（笑声）所以，作为对他的回报，今天我们就要把他的坟墓修葺好。不知大家是否还记得：有一天，韦斯利先生途径德贝郡的一位女孩家的时候，女孩跑到门前向他喊道："先生，上帝保佑您！"韦斯利回答她说："年轻漂亮的小姑娘，如果你的脸和围裙能够再洁净些，那么你的祝福也将会更加珍贵。"（笑声）所以，我们要修护好它，就是为了让他在天堂里，俯视他的墓地时不再伤心。它是一座令人流连忘返的、不可亵渎的神龛，是我们忠实可靠的朋友。

准备演讲结束语

作为演讲初学者，要想让自己的演说不留下任何遗憾，就要在演讲前精心地做好准备，确保已对自己演说的结束语做到胸有成竹，只有这样做，才能像那些优秀的演说家一样。初学者为了在演说中不出状况，会在演讲前反复地排练，直至熟练。当然，在每一次的排练中，只要确保演讲意思的确切、完整，我们也不必苛求自己每次排练演讲的词语都完全一致。

但是，我们一定要准备两三个演讲结束语，这是为了应付在正式的演讲过程中，一些突发事件的发生和满足听众的要求。

事实往往并非如想象的那样顺利，有一些演讲者在演讲的中途大脑一片空白，语无伦次、不知所云，他们就好像耗干了汽油的机器，苦苦挣扎一番后，也只得在慌乱和遗憾中下台。这样的演讲者就更需要在演讲前进行精心的准备和充分的练习。

另外，许多初学者的演讲结束得十分唐突，让人感到十分生硬，这样的结束语缺少圆滑和流畅的感觉。换句话说，他们的演讲显得很不专业，他们只是为了结束演讲，就突然地停了下来，而不是有一个鲜明的结尾，这让人感到非常不适应。好像在好朋友的聚会上，突然有一个人不辞而别一样。

作为演讲初学者，怎样才能在演讲的结束部分找到感觉呢？这个问题并没有标准答案。就如太过繁复和敏感的文化一样，很难找到机械而固定的解决问题的方法。理解力、灵感和顿悟，就是作为一名演讲者所必须具备的素质，但这些只有经过不断练习，才会慢慢具备。

我们可以从成功的演讲者那里，认识到他们成长的经历，获得演讲的经验。我们可以从威尔士王子在多伦多的帝国俱乐部所作演讲的结尾部分得到借鉴。

> 先生们，今天的演讲，我讲述了太多关于自己的事情，恐怕离这次演讲的主题太远了，这是因为，自从在加拿大演讲以来，这是我面对听众最多的一次。此刻，我深刻地感到自己的责任重大。为了不辜负大家对我的殷切期望，为了不逃避自己的责任，我认为只有如此，才是竭尽所能了。

即使是一个盲人，在听到这段话之后，也会知道演讲已然结束。因为，它丝毫没有给人留下一种拖拖拉拉、欲说还休的感觉，而是完整、干净利落地结束了演讲。

但是，这段演讲的结束语如果缺乏铿锵感人的语调和悠扬婉约的音调，就不是完美的结语，这和林肯的第二次就职演讲的情况一样。这段演讲曾被人评价为"人类的荣誉和财富中不可或缺的一部分——人类演说史上最精美、最闪亮的宝石"。

这是我听过的世界上最感人肺腑、最流露真情的演讲。如果你不认为这是最完美的演讲，那么在所有的演讲中，还能够找出任何一个比这更富有深情、更妙语连珠、更充满激情的演讲吗？

威廉·巴顿在《林肯的一生》中对上面的演讲是这样评述的："葛底斯堡演说虽然精神弘大，但这个演讲比葛底斯堡演讲更为甚之……这是林肯的众多演说中最为出色的一个，它标志着亚伯拉罕·林肯的智慧、精神达到了一个最高的境界。"

但是，作为普通人，我们并不需要发表像林肯那样流芳千古的演讲。我们要面临的问题是，作为一名普通社会工作者，如何能在一场演讲中顺利地结束，究竟需要去做什么？让我们共同探讨一下，并提出建议性的意见。

第十章
让人心领神会的表达法

我们不能低估清楚表达的重要性和难度。我曾经听过一位爱尔兰诗人的专场诗歌朗诵。在这个诗歌朗诵会上，绝大部分的听众在相当长的一段时间里根本不知道他在说什么。其实，无论是在公共场所还是在私下，有很多讲演者都与这位诗人有着相似的经历。

一位著名的英国主教在第一次世界大战期间，为阿普顿的驻军发表了一场演讲。然而这些士兵的文化水平很低，有些人连字都不识。此时，他们即将奔赴前线。然而，他们中几乎没有人知道，为什么要打这场战争。面对这些即将牺牲的战士们，这位主教却大肆宣传"国际和平"和"塞尔维亚要有独立自主的权利"。这些文化水平很低的士兵，又怎么能听懂他的夸夸其谈呢？演讲的效果可想而知。要不是大厅的周围站满了带着枪支的军警，这些士兵一刻也不愿意再待下去。

我并不是在讽刺这位主教。如果这场演讲的听众是一群大学生，那么结果或许会非常成功。我想说的是，面对文化水平比较低的士兵，他这种深奥的演讲，在座的各位有谁能明白呢？可以说，这位主教对自己演讲的对象一无所知，对演讲要达到的效果和目的也毫无了解。

那么演讲究竟有什么目的性呢？无论演讲者是否认识到了这一点，每一次演讲，都带有很强的目的性，基本可以概括为以下四个方面：

第一，向人们阐释某些观点；

第二，使人们铭记和相信一些重大事件或信念；

第三，呼吁社会各界的支持；

第四，娱乐休闲。

对于这四点，我们都可以举例进行说明。

林肯一向喜欢机械制造，他甚至为他发明的一项装置申请了专利，他发明的这个装置能让搁浅在沙滩上的船只远离障碍物。为了让他的这个设备投入生产，他就让自己的律师事务所附近的一家机械制造厂进行生产。虽然，这项装置的生产最终没有成功，但林肯投入了极大的热情，他能够不厌其烦地向他的朋友解说这些装置的作用，他解说的目的就是让人们明白这个东西的工作原理。

林肯在葛底斯堡发表过两次就职演讲，在亨利·克勒逝世后发表过赞颂之辞，他演说的目的就是让人铭记这些人、这些事。只有让人清楚、明白这些事，才能让他们记住。但是，林肯讲话的目的不只是让人们知道这些事，而是要让人们铭记。

林肯所做的演讲，也有一些是为了引起社会的关注，让人们做出相应的行为。为了争取陪审团有利的判决，力图获得选票，他对陪审团滔滔不绝地发表政治演说。此时他的目的只有一个，就是让人们做出相应的回应。

但是，林肯的演说也有失败的时候，那是在他当选为总统的两年前，为了给人提供娱乐，他在一个小镇上发表了一场关于发明的演讲，但是却没有人捧场。这对于一个著名演讲家来说，确实是一个不小的打击。

但是在另外一场演讲中，他却大获成功。这是因为他知道如何实现演讲的目标。许多演讲者就是因为不知道该如何去做，才导致演讲失败的。

我还经历过这样一件事。

有一位演讲者，在演讲中途就被愤怒的听众赶下了舞台，这个演讲者是一名国会议员。究竟是什么原因导致他这次演讲失败的呢？因为他把以消遣娱乐为目的的演讲，换成了以阐释说明为目的的演讲了。正值战争爆发之时，这位演讲者给听众讲述美国是如何备战的。这在无意中酿成了大错，这直接打击了听众的兴趣。为了对这位国会议员表示尊重，听众们只好耐着性子听下去，10分钟过去了，15分钟过去了，听众已经忍无可忍了，他们如热锅上的蚂蚁，希望赶快结束这让人备受煎熬的演讲，但是这个演讲者还在台上喋喋不休。终于，听众们再也忍受不下去了，一些人开始喝倒彩，紧接着，另一些人也附和起来，片刻之间，剧院里乱成了一团。而那位迟钝的演讲者对此毫无察觉，依旧坚强地进行着演讲，虽然这种场面已经让他感到尴尬和焦躁。而他的坚持无疑是火上浇油，听众们愤怒的喊声淹没了这位演讲者的声音，会场里顿时成为一片愤怒的海洋。这位演讲者已经听不见自己在讲什么了。最终，在一片嘘声中，他备感羞辱退下台去，黯然地品尝着失败的苦果。

通过上面的例子可以知道，在演讲的过程中一定要明确演讲的目标和对象，并在演讲中灵活、科学地运用一些能够达成目的的方法，这样才能保证演讲的顺利进行。

确定演讲的主题

威廉·詹姆斯教授，曾在一场专门对教师的演讲中特地停下来发表了一段评论，他说：在演讲时，演讲者应该围绕一个中心来讲，这个中心就是演讲要点，并且这个中心还必须是独一无二的。随后，他为人们列举了一个这样的范例演讲——这个范例演讲耗时约 60 分钟。然而，最近我无意之间听到了一场限时 3 分钟的演讲，在演讲刚开始时，演讲者就提醒我们，他的演讲一共包含 11 个要点。这也就是说，他要在 16.5 秒的时间里说清楚一个要点！这是多么的令人难以置信啊！这是一个非常极端的例子，但就是这种与之相类似的错误——即使远没有达到例子中那样荒谬的程度，也会使许多初学者在前进的道路上举步维艰。

这样的演讲者就像航海者科克式的导游，他们总是试图让游览者在一天的时间里游遍整个巴黎，或者是三十分钟之内观赏完美国自然历史博物馆。这些是有可能做到的，但对于游览者而言，这却完全背弃了旅游的目的，旅游者既不会对游览对象获得清晰的印象，也不会获得一丝愉快的享受。很多演讲就像这样的旅游一样，因为在有限的时间里包含了太多的内容而致使每一个内容都表达得不够清楚，最终导致了演讲的失败。在这样的演讲中，演讲者为了要讲完预定的各个要点，不得已只能采用蜻蜓点水的方式——飞快地从这里飞到那里，又匆忙地从那里奔向下一个地方，这多么像在高山上四处窜来窜去的山羊啊！

我们明白，大多数的演讲都应该短小精悍，因此，你在准备演讲时就应该对演讲的旁枝蔓节做相应的修剪，以使其符合短小精悍的要求。打个比方吧，假如你将要以工会为题发表演讲，那你就需要有所取舍，面面俱到地把它的来由、运转的方法、成绩、不足以及如何解决劳资纠纷等都讲清楚是不可取。否则，几乎没有人能够明白你到底要讲什么，而你的演讲也只会变成一锅糨糊，越讲越糊涂。

所以，在准备演讲的时候，你就必须确定一个演讲的主题，并紧紧抓住这个主题对之进行深刻地阐述，这实在是一个明智之举。这样的演讲不但会让人们印象深刻、理解透彻，还易于人们记诵。

可是，如果你的演讲必须要包含几个方面的话，那又该怎么办呢？最好的办法就是你在演讲结束的部分做一个简洁的摘要。

表述贴近现实生活

　　我们不能低估清楚表达的重要性和难度。我曾经听过一位爱尔兰诗人的专场诗歌朗诵。在这个诗歌朗诵会上，绝大部分的听众在相当长的一段时间里根本不知道他在说什么。其实，无论是在公共场所还是在私下，有很多讲演者都与这位诗人有着相似的经历。

　　记得有一次，我与奥利弗·劳兹先生讨论公共演讲的要素，劳兹已为大学生和公众演说了四十多年，他是一位杰出的演讲家。他强调，知识的积累和演讲工作的准备在所有重要的要素中，是首屈一指的；其次就是"要竭尽全力地去表达清楚"。

　　普法战争爆发之际，贵族毛奇将军在告诫他的部下时说："先生们，一定要记住，任何有可能导致误解的命令，一定会被误解。"

　　同样认识到这个问题严重性的拿破仑不厌其烦地对他的秘书强调："一定要表达清楚些！再清楚些！"

　　我们可以进行这样的假设：如果想指望听众毫不费力地听懂一个对于他们来说完全陌生的东西，这简直是天方夜谭，正如普通人要想听懂一个博士的演讲也一样非常困难。

　　下面这个令人难忘却幽默的故事，讲述了同样的道理。

　　　　一些传教士来到非洲赤道附近的一个部落，他们准备在那个地方宣传他们的教义。于是，这些传教士们把圣经里的一句话"即使你有滔天的罪行，有了上帝的指引，它依然变得如雪般洁白。"改编成了这个部落的方言。因为，在当地二月的早晨，人们从未在路上见到过雪的存在，甚至没有雪这个词汇的出现。如果让他们来辨别雪和煤炭，他们一定会不知所措。但是，椰子是当地人最熟悉不过的东西了，他们经常用椰子作为他们的午餐。所以，这些传教士们就用他们最熟悉的椰子取代了他们毫不知晓的雪，于是圣经里的那句话就被改编为："即使你有滔天的罪行，有了上帝的指引，它仍会变得如椰肉般洁白。"

这是多么完美的表述啊！

我在密苏里州的渥伦斯伯格州立师范大学时，曾经听过一场关于阿拉斯加的演讲，但是那场演讲却失败了。因为演讲者的演讲表达得不够清晰，语言也死气沉沉：他没有像那些传教士那样从听众的角度出发，而是彻底忽略了听众们的所知所闻。在演讲中，他告诉听众阿拉斯加占地约有590804平方英里，人口共有64356人。可是没有人能确切地感受到59万平方英里是什么概念。人们很少使用平方英里这个概念，所以，也不会想到缅因州或得克萨斯州的大小大概就是50万平方英里。听众的脑海里很难对数字形成抽象的画面。但是，如果这位演讲者告诉听众阿拉斯加及其岛屿的海岸线比赤道的一圈还要长，它的面积比佛蒙特州、新罕布什尔州、缅因州、马萨诸塞州、罗得岛州、康涅狄格州、纽约、新泽西州、宾夕法尼亚州、特拉华州、马里兰州、西弗吉尼亚、北卡罗来纳州、南卡罗来纳州、佐治亚州、佛罗里达州、密西西比州和田纳西州的总和还要大，听众的脑海里就会对阿拉斯加的面积有一个清晰的了解。

64356人，对于这个数字，很少有人能把这个数字记住5分钟的，甚至记忆1分钟都很难。演讲者快速地说出这个数字，就像写在沙滩上的字一样，给人既不准确又不可靠的感觉，因此也不会给听众留下一个清晰的印象。而且，这些复杂的数字也会在下面的演讲过程中慢慢淡尽，因此，把这些枯燥无味的数字换成听众熟悉的形象来表达不是更好吗？例如，约瑟夫大街离密苏里州并不远，听众中绝大多数人也都去过那里，阿拉斯加的人口总数比约瑟夫大街少1万人。再如，把阿拉斯加的一些情况与听众们所居住的城镇相比较，效果会更好：阿拉斯加的人口是密苏里州的8倍，是渥伦斯伯格的13倍。

大家可以比较下列例子中a、b两部分，就可以看出哪种表达会更好。

例一：a. 距离我们最近的星球有35万亿英里；
b. 如果一列火车以每分钟1英里的速度驶向距离我们最近的星球，那么要行驶4800万年后才能够抵达；如果在这个星球上唱一首歌，而且要让这歌声传到我们的地球，那么，我们必须等待380万年后才能听到；如果一条蜘蛛丝能够延伸到这个星球，那么，这只蜘蛛将重达500吨。

例二：a. 世界上最大的教堂是皮特大街上的教堂，它有232码长、364英尺宽；

b. 世界上最大的教堂是皮特大街上的教堂，两座白宫重叠起来才能和它一样大。

奥利弗·劳兹十分擅长使用上述方法，向普通听众解释原子的大小和性质。他在为欧洲听众演讲时，做了这样一个比较：一滴水中所包含的原子数目，就像整个地中海中所含有的水滴数目。当时，有很多听众乘船要花费一个多星期的时间才能从直布罗陀抵达苏伊士运河。为了使表述更贴近于人们的现实生活，他又做了一个比较：一滴水中所包含的原子数目就如整个地球上的小草叶子那么多。

所以，你应该使用这些方法来诠释你的演讲。例如，如果你要描述金字塔，你首先应该告诉听众它有451英尺高，接下来，你就可以用听众们日常所能看到的建筑物与金字塔进行比较，这样就可以生动形象地说明了金字塔的高度；如果你要说明它的占地面积，可以用它能够覆盖的街区面积来描述。再如，如果你要描述20英尺高的某物体，就可以打比方，从地面到天花板的高度的1.5倍。如果你想表达有多少竿或多少英里，就可以用此地到联合车站或到某个街道的距离做比较。

用语浅显易懂

假如你从事的是一个对专业技术要求非常高的工作——比如说律师、医生、工程师以及与此类似的一些高度专业性的工作，那么，在你面向普通民众进行演讲时，要尽量避免使用专业术语，你应该用一些浅显易懂的词汇去替代那些专业术语。即使你这样做了，对一些紧要之处也要加以详细的解释说明，这是很必要的。

我之所以要在这里唠叨着提醒大家加倍注意这个问题，那是因为曾经有许多的演讲皆是因此而导致失败的。显然，这些演讲者在演讲之前压根就没有研究过自己的听众，并没有意识到自己的听众只是些普通民众，他们根本就不知道这些专业词汇到底代表着什么含义。因此，尽管他们滔滔不绝地讲得天花乱坠，自己也感觉不错，但这对于那些丝毫没有受过什么专业知识教育的普通听众来说，就如同六月雨后暴涨的密西西比河水冲上了艾奥瓦州和堪萨斯州新犁过的棉花田一样，一塌糊涂。

那么，演讲者应该如何去应对以免发生这样尴尬的场面呢？下面是一段印第安纳州前任参议员比沃瑞兹先生送给我们的一些宝贵的建议，我想任何一个演讲者和将要成为演讲者的人都完全有必要认真仔细地阅读和体味下面这段话。

在演讲的时候，为了使自己的表达清楚明白，你可以试着采用下面这个还算不赖的方法：首先，你要把占听众大多数的普通民众作为自己假想中的演讲对象。这样，为了使他们能清楚明白地理解自己的演讲，你自然就会注意使用通俗易懂的语言和浅显的逻辑。除此之外，还有一个更好的方法，那就是你也可以把小孩子当作自己演讲的对象。如果是这样的话，为了让这些小孩子明白你说的到底是什么，你也必须用一些简单明了的语言来解释自己的问题。

　　一位医生的演讲至今令我记忆犹新。在演讲中他这样讲道："横膈膜呼吸法——利用横膈膜进行呼吸对于人们肠部的蠕动以及身体的健康都是非常有益的。"说完这些他并没有进一步对这个横膈膜呼吸法做详细的说明或者解释，而是继续按照他的计划讲起别的内容了。没有办法，我根本不知道什么叫横膈膜呼吸法，于是，我只好打断了他的演讲，然后，向大家问道："不知在座的各位是否有人知道这个所谓的横膈膜呼吸法到底是一个什么样的呼吸法？它与其他的呼吸法比起来究竟有何不同？此外，它对人体有益有什么科学根据？这个肠部蠕动究竟又是怎么一回事？"

　　这几个问题令这位医生诧异不已，因为几乎没有人能完完全全地明白他所说的话。因而，这位医生又不得不回过头来，对我所提的问题一一解释，横膈膜说白了就是位于肺底部一片薄薄的肌肉，它把人的肚子分成了胸腔和腹腔。在我们心情平静地用胸部呼吸时，横膈膜通常是处于弓形状态的，那样子就好像是一个倒置的洗脸盆。

　　在我们使用胸部呼吸吸入空气时，气流将会向下压迫横膈膜，使其向下部凸起，一直至接近扁平状，这时，你会明显地感觉到胃部肌肉向下压迫自己的腰部。这种向下的压力会按摩并刺激你腹腔上部的各个器官，其中包括胃、肝、胰、脾等。

而在我们呼出气流的时候，胃和肠在恢复原来状态的过程中又会向上压迫横膈膜，这就等于又进行了一次按摩活动，它将有利于我们身体的新陈代谢。

我们都知道，人体很多的不健康因素的源头都在肠道之中。而通过这种横膈膜呼吸法，我们的胃和肠道就可以得到一定的活动，所以我们诸如消化不良、便秘、人体自我中毒等病症就会不药而愈了。

恰当运用"图画语言"

中国古代有一句谚语：百闻不如一见。在演讲方面，如果你想让听众快速而清楚明了地理解你的演讲，那么你最好把自己演讲的要点画出来，使听众能够看见。这就是已故的著名国家资产注册公司的总经理约翰·帕特森演讲成功的秘诀。他曾经为《系统方法杂志》撰写过一篇介绍这一秘诀的文章。

就我个人的演讲经验而言，仅仅靠演讲词就想让听众清楚明了地理解你、接受你无疑是远远不够的，为了使你的演讲达到理想的效果，我们还应该使用大量的辅助手段作为补充，而图画法就是所要采用的辅助方法之一。如果说图表的说服力比单纯的文字要强的话，那么图画的说服力又远远强过图表。这是一种非常理想的演讲方法，它要求演讲者把要演讲的各个分要点用图画的方式表示出来，再在这些要点之间用必要的文字串联起来。

不要小看了这些看起来有点儿滑稽可笑的小图画，它们的功效可是不一般吧。而对于这些"图画语言"，我自有一套完整的体系：一个圆圈里面加上一个美元符号就表示一张纸币，一个书包上面画上一个美元符号就表示许多纸币；月亮形状的脸庞表示好的结果和影响；一个圆圈里面画上五道横线分别代表眼睛、鼻子、嘴巴和耳朵，随意改变这些横线的形状则其表示的含义也跟着改变——嘴角向下代表落伍的人、嘴角上翘代表紧跟时代潮流的人。的确，这些图画在人们看来也许不是很漂亮，但我们应该懂得，一个卓越的卡通画家作画时，他要考虑的应该是如何才能准确明白地表达自己的思想和意图，而不是这幅画画出来是否是最美的。

在演讲的时候，假如你能够恰如其分地运用这些"图画语言"，那么你想不成功都很难。你可以一边演讲一边迅速地画出这些"图画语言"，以使你的意思表达得更清楚明了，而听众也会一步一步地在你的这些"图画语言"的引导下，最终迅速地理解你进行演讲的意图。与此同时，听众也会在这一过程中领略到这些"图画文字"所特有的幽默。

洛克菲勒先生曾经为《系统方法杂志》的专栏写过一篇关于演讲的文章。在这篇文章里，他向人们展现了他是怎样利用"图画语言"说明科罗拉多燃料和钢铁公司的财务状况的。

科罗拉多燃料和钢铁公司的员工和普通民众一样，都坚持认为洛克菲勒家族通过股票分红的方式从公司攫取了巨额利润，但事实并非如此。我们与公司的合作已经有14个年头了，在这14年里我们并没有得到哪怕是一分钱的股票分红。

在一次员工大会上，我特地实事求是地向员工说明了公司的财务状况：我首先拿出一捧硬币放在面前的桌面上，接着我从这堆硬币中拿走一部分，表示公司从总收入中拿出一部分支付普通员工的工资——这是公司最基本的一部分支出；然后，我又从剩下的硬币中再拿出一部分，表示公司支付给行政官员的工资；最后，为了表示还需要给各位董事支付一定的费用，我不得不把桌上所有的硬币都拿走了。随后，我向大家问道："先生们，我们和其他的第三方一样都是公司的合作者，但他们却把所有的收入分光了，留给我们家族的就只有这个空桌面了，这难道是公平的吗？"

由于图画能造成这样一种强烈的视觉效果，所以我们应该充分、合理地利用一些特定而简单明了的图画。因此，我们就必须事前尽可能清晰而鲜明地在我们的想象中勾勒出事物的形象，仿佛中秋的圆月一样鲜明、令人久久难以忘怀。

以前，我曾专门雇用了一位画家，让他和我一起奔走于大街小巷，对于一切我们认为画得不够完美的图画，我都让这位画家悄悄地临摹下来，等回去以后再把它加以完善，使之成为完美的图画。然后，我会在公众面前展示这些事情的本来面目。在我听说有了幻灯机后，我立刻就去买了一台，有了它，我就可以把"图画文字"投影到银幕上了，就因为这样我的演讲变得更加吸引人也更加有效率了。后来，动画制作又问世了，我再一次有幸成为第一批勇于挑战的人。到目前为止，我已经制作和收藏了许许多多的动画片胶片和大约 6 万多张幻灯片。

当然，并不是所有的演讲都适合和需要借助"图画文字"，但是，恰当地使用它们，对于更好地吸引听众的注意力和激发他们对演讲的兴趣，进而使他们能够清楚明了地理解演讲有着不可估量的作用。

重申自己的重要观点

拿破仑认为在修辞学中演讲者最应该注意的也是最重要的原则就是重复。他之所以有此认识，是因为他明白这样一个道理——演讲者对自己演讲的主题是非常熟悉的，但是听众呢？这是一个未知数，加之要让人们接受一种新的思想不但需要一段时间，而且在这段时间里人们还必须对它进行坚持不懈的思考。

简而言之，就是在演讲中，对于自己的重要观点应该一再地重申。当然，你没有必要通过重复使用同一个词语的方法来重申自己的观点，事实上，这样做只会适得其反，你应该不断使用新的词汇，那样听众不但能记住你的观点，还不会嫌你重复啰唆。

布莱恩先生曾经说过：

> 在演讲的时候，如果连你自己都对演讲的题目一知半解，那么，你又怎么能让听众理解你的演讲呢？正所谓"以己之昏昏，怎使人昭昭呢？"反之，如果你对自己的演讲主

题理解得深刻透彻，听众则没有理由理解不了的。

在上面这段话中，最后一句和前面一句所表达的意思是相同的，只是表达的方式不一样而已。但在演讲中，听众是无暇顾及这些的，也不会觉得啰唆，听众只会感到自己对演讲者的观点更加清楚明了了。

在我还在学校教授课程的时候，几乎每一学期我都会组织一些演讲——假如在演讲中人们能够注意使用重复这一重要原则的话，那么他们就能使听众更加清晰透彻地理解自己的演讲意图了。但是，事情往往都是与人们的意愿相违背的，初学者忽视这一点，有成者不屑这一点，这太令人感到惋惜了！

具体与泛泛相结合

为了使我们的演讲要点表达得更加清楚明了，我们完全可以采用把泛泛的说明与具体的例证相结合这个最容易也算是最保险的方法。那么，我们又如何区分泛泛的说明和具体的例证呢？说白了其实很简单，一个是泛泛的，另一个则是具体的。

下面我们将通过一个例子来具体分析二者之间的差异，以及如何才能恰当地运用二者。请仔细分析下面这句话：

有些专业人士的收入是非常惊人的。

这句话是否能使听众清楚明了地理解演讲者的意图呢？答案是否定的，而且，就算是演讲者自己也无法确定听众是如何理解这句话的。因为人们的社会地位以及生活阅历不同，所以理解能力自然也就不同。在山区开诊所的乡村医生也许会理解为在城市里执业的年收入超过 5 万元的家庭医生，而一个事业成功的建筑设计师也许会理解为年收入超过 10 万元的同行者。

所以，这句话是非常模糊和不确定的，很难给人们一个清楚明了的意向，因此它的准确含义有待于用语句进一步界定：专业人士所指为何？"非常惊人"到何地步？都需要进一步做详细的说明。那么，就让我们接着看这句话后面的部分吧：

这些专业人士，比方说医生、建筑设计师、律师、职业拳击手、作曲家、小说家、剧作家、画家、演员、歌手等，他们的年收入远远超过总统。

看了上面的话，现在我们是否能够清楚明了地理解演讲者的意图呢？毫无疑问，答案当然是肯定的。但虽然人们能够据此理解演讲者的意图，可它仍是不够详细的，并且缺乏具体的事例，这仍是一个泛泛的说明而已。比方说，它只是泛泛地说明了"歌手"是怎样，而没有具体地说明某个特定的"歌手"是怎样，如迈克尔·杰克逊、麦当娜等人。

因此，这段话所表达的含义仍然是有些模糊的。那么，演讲者是否又紧接着做了具体的例证呢？那就让我们一起往下看吧：

大律师塞缪尔·昂特麦耶和麦克斯·史蒂沃的年收入都达到了100万美元；杰克·登姆普西的年收入超过了50万美元；乔·刘易斯，作为一名没有接受过任何教育的黑人拳击手，在其二十几岁处于拳击事业黄金时间的时候，他的年收入也达到了50万美金；据说欧文·柏林每年单是爵士乐就进账50万美元；西德尼·金斯雷创造了一周进账1万美元的演出收入纪录；威尔斯的自传为其带来了300万美元的收入；迪欧·里维拉从其绘画中每年取得50万美元的收入；凯瑟琳·康奈尔曾因嫌价钱低，而拒绝接每周报酬5000美元的广告。

至此，在演讲者具体的例证下，他所要表达的意图终于得到了准确、明了而又生动朴实的传达。

所以，在演讲的时候，一定要做到具体、准确和明了的表达，这不但能够使听众更加清楚地明白你的演讲意图，还能加深听众的印象，增强演讲的说服力，更能激发听众对演讲的兴趣和热情。

乐于接受别人的忠告

为了让自己的演讲能够迅速而明白地被听众理解并接

受，林肯一直乐于接受别人的忠告。当林肯第一次在国会做演讲时，他使用了"有糖衣的"这个俗语。在演讲之前，作为林肯好友的大众印刷公司老板戴夫瑞斯先生向他建议，这个短语太俗了，如果这是一篇在伊利诺斯演讲的演讲稿，勉强还能说得过去，但这是他历史性第一次在国会演讲，用在这儿就太不雅了。林肯是这样回答戴夫瑞斯先生的："好的，戴夫瑞斯，如果你认为大多数的人们都很难理解'有糖衣的'这个短语的话，那我不妨就修改一下；但现在我想我就不做什么变更的好。"

有一次，林肯就向诺克斯大学的校长古雷沃博士解释了他偏爱这些通俗易懂的文字的原因，现收录如下：

在我的记忆里，一直有一些孩提时代的情形珍藏在最深处。当我还是孩子的时候，如果别人的话让我感到云里雾里不知所以然，我会变得非常烦躁，这比任何事都更能影响我的情绪，而且，从那以后，这种情形就一直困扰着我。有一次，邻居到我们家里来拜访，父亲和他们聊了整整一个晚上。尽管我很想睡觉，但我却失眠了。为什么呢？因为我在床上辗转反侧、思来想去却怎么也弄不明白他们所说的一些话的含义，而仅仅是弄清楚它们的含义是不能让我满意的，我总是会试图用一些简单明了、通俗易懂的语句把它们表达出来，直到其他的每一个孩子都能听明白为止。这就是我偏爱简单明了、通俗易懂表达的原因，也是我一直坚持这样做的动力所在。

的确如此，林肯是特别偏爱通俗易懂的文字的，他对它们怀有一种特殊的情感。林肯曾经就读过的新塞勒姆小学的校长曼托·格雷安这样证实道："假如一个意思能用三种方式表达的话，林肯一定会把这三种方式一一找出来，然后再花上几个小时去反复思考和比较究竟哪个才是最佳的，而这也就是最简单易懂的表达方式。"

人们表达含糊不清的原因大体相似，显而易见，他们对自己所要表达的意思都是晦涩的、模糊的，就凭着这些内容又怎么能使人明白呢？这就好比是在一个大雾弥漫的日子里拍摄照片一样，能拍摄出清晰的相片吗？这些人是应该向林肯学习的，学习他那种弄不明白就难以入眠的精神，学习他应对的方法。

第十一章
如何激发听众的兴趣

你也许认为，摆在你面前的这张纸——也就是你正在阅读的这本书，是很普通的，你也早已看过很多与之差不多的书了，你也早已对它厌倦了，对吗？但是，假如我告诉你一个和它有关的奇妙事实，你就一定会对它产生兴趣的。

你也许认为，摆在你面前的这张纸——也就是你正在阅读的这本书，是很普通的，你也早已看过很多与之差不多的书了，你也早已对它厌倦了，对吗？但是，假如我告诉你一个和它有关的奇妙事实，你就一定会对它产生兴趣的。

首先，让我们一起来仔仔细细地观察摆在你面前的这张纸：它看上去就好似一个静止的固态东西，但是，它实质上却是类似于蜘蛛网一样的东西。学过物理的人都应该知道，这张纸是由数不清的原子构成，而这构成纸的原子又是何其小啊！一滴水中是由数不清的原子构成的，它的数目就好比整个地球上海中所包含的水滴数目或整个地球上所有小草叶子的数目。

那么，在这些原子中是否还存在更小的微粒呢？科学知识为我们做出了肯定的回答，这些构成原子的更小微粒是电子和质子。在原子内部，电子以质子为中心做高速的旋转，就好像月球以地球为中心旋转一样。这种旋转的速度快得超乎人们的想象，达到了每秒大约 1 万英里。也就是说，当你在面前这页纸上停顿的那一瞬间，这页纸中的电子已经跑过了 1 万英里，相当于从纽约至东京的距离。这就是大自然的神奇所在，是一场真正的能量风暴。而就在短短的几分钟之前，你还可能认为摆在你眼前的这张纸是静止而枯燥的。

假如你现在已经开始对它产生兴趣了，那么没有别的原因，只是因为你刚刚获得了关于它的新的知识，你对它有了新的认识。的确，激发人的兴趣是有诀窍的，一旦你掌握了这个诀窍，你就可以在日常生活中游刃有余、获益匪浅。这就是：人们对于自己一无所知的东西，是不会产生什么兴趣的，而对于人们天天接触、熟之又熟的东西，通常也不会对它产生什么激情。

实际上，人们最想获得、也最感兴趣和最有激情的是关于旧事物的新的知识。就拿居住在伊利诺斯的农民来说吧，假如你们试图通过与他们大谈特谈波尔杰斯的天主教堂或者蒙娜丽莎来与他们拉近距离的话，无异于对牛弹琴、事倍功半。

因为他们对这些东西闻所未闻，这样的谈话除了能调动起他们沉睡的兴趣，没有其他作用。但是，假如你与他们聊荷兰农民的故事，聊荷兰农民在低于海平面的地方耕田种地、修堤造桥，那么他们一定会对这些感兴趣的。而你如果再进一步地告诉他们，冬天荷兰农民会和自家的奶牛同居一室，在大雪漫天的日子里，奶牛甚至会悠闲地透过镶着花边的窗帘欣赏外面的美景，那他们一定会惊呆的，有的还会惊讶地张大了嘴巴叫道："天啊，镶了花边的窗帘！就为了一头奶牛！要是我也像那样做，我一定会被咒骂的！"随后，他们还会把这个故事当作奇闻讲给身边的亲戚朋友听。

那么，我们在演讲过程中要如何激发听众的兴趣呢？

演讲内容要具体化

在我的公共演讲班里，有两位学员给我留下了深刻的印象：一位是哲学博士；另一位是有点儿粗鲁但对人十分友好的中年男士，他年轻的时候曾在英国海军里服过役。当时，这位哲学博士是一所大学里的教授；而后者是一家小型运货车公司的老板。然而，令人吃惊的是，这位运货车公司老板的演讲远比那位哲学博士、大学教授更受欢迎。

为什么会这样呢？我们不否认那位教授语言优美、逻辑性强、表达透彻，而且举止文雅，风度翩翩又很有涵养，这些都使他离成为一个优秀的演讲者近在咫尺，但是他却忽略了一个演讲的必要要素，那就是演讲内容要具体化。一场优秀的演讲是绝对不能像他那样的，只停留在事物的表面笼统地泛泛而谈。与此对比鲜明的是那位运货车公司的老板，他单刀直入一矢中的，把自己做生意的经历作为例子，从而使他的演讲具体而明确，再加上他天生精力充沛，以及令人耳目一新的言语，最终他的演讲大获成功。

我之所以要在此提到这个例子，并不是因为它有什么特殊，而只是要以此来说明一点：无论你是否受过正规的教育，你都有可能成就一场有趣的成功的演讲，关键在于你的演讲是否具体化。

下面，我将举几个例子来说明这一道理的重要性，你一定要铭记于心。

试比较下面两则关于男孩马丁·路德的描述哪一个更有趣？

a. 马丁·路德是一个"固执而倔强"的男孩子。

　　b. 马丁·路德坦言："自己一个上午，就被老师修理了15次。"

　　在"a"中使用了"固执而倔强"来对男孩进行泛泛的描写，虽然句子不错但这样的话很难给人以鲜明的形象，更别说吸引人了；"b"句中并没有泛泛的写这孩子怎么样，而是运用了具体的"一个上午就被老师修理了15次"来描述，听完这话听众很难不被这孩子吸引了。

　　下面，让我们再来看一个例子：

　　在古希腊时期，人们在写自传时，总要使自己的人生和一些社会公认的道理一致，亚里士多德则把这些公认的道理蔑称为"人们愚钝思想的外壳"；而现在，人们写自传时，则往往会着重于记录一些具体的事情。比如，按古代写自传的方法，我们可以这样写："约翰的父亲贫穷但诚实。"那么，换成现在的写法就是："约翰的父亲穷得连为自己买一双新鞋子的钱都没有，所以，在冬天大雪纷飞的日子里，为了双脚保暖他只能用粗麻袋布把自己破破烂烂的鞋子包裹起来；尽管这样，他仍然诚信做人，绝不会出售掺了水的牛奶，也绝不用生病的马儿当作健康的马匹与人交易。"这种新的方法是不是也同样表达了"约翰的父亲贫穷但诚实"的意思呢？你难道不觉得这样的表达更有趣味吗？

　　写自传要如此，演讲也需要如此。

　　假如你打算提醒人们尼亚加拉河上每天都有数量惊人的水能被白白浪费掉，而你也正是像这样表达的，那么，你认为你的表达人们会感兴趣吗？一定不会。你不妨把下面这段文字和你上面想提醒人们的话比较一下，这种表达是不是更精彩、更能吸引人呢？

　　大家都知道，在我们国家里，还有几百万人在贫困线上挣扎，贫穷和营养不良时刻都在折磨着他们；可是，又有谁知道在尼亚加拉河上，每小时浪费掉的水能的价值可以购买25万个面包或60万个新鲜的鸡蛋；假如再把这种损失折合成印花棉布的话，那这些棉布足够铺满尼亚加拉河4000英尺宽的河面；假如把这种损失折合成书籍，那么，就相当于我们在一两个小时之内失去了一个卡耐基图书馆。

毫无疑问，这种具体化的表达极富情趣，且内容的表达方式变化多样，所以，它对听众充满了不可抗拒的吸引力。像这样的演讲，演讲者轻松，听众也轻松，人们在不经意间就会把它铭记于心。

选择听众感兴趣的题材

很多人在交谈时，都感觉自己的谈话并没有达到理想的效果，这究竟是为什么呢？究其原因，是因为人们在谈话时总是以自己为中心，不厌其烦地谈些自己感兴趣而别人厌烦的东西，假如我们把情形掉个个儿，多谈一些你的谈话对象感兴趣的话题，比方说他的生意、网球球技、他所取得的成就，抑或是他的母亲、孩子，等等。而你全神贯注地去听，间或称赞一两句，那么你们之间的谈话氛围一定会是很美妙很愉快的，自然，你也就会被他认为是一位出色的谈话伙伴——虽然，你在整个谈话中并没有说几句话。

费城的哈罗德·德怀特先生曾经把一场演讲作为自己演讲课的期末作业。这篇演讲是发生在一次晚宴上的，其效果非常之好。在演讲中，德怀特先生几乎把宴会上所有的人都提了一遍：他首先向人们描述了自己在上演讲课程之前演讲的状况，又进一步讲述了自己如何一步一步提高的；紧接着他又历数了在座的各位曾经发表过哪些演讲，都讨论了哪些问题；最后，他又夸张地模仿了各位学员演讲时的样子和演讲的特点。结果，人们开怀大笑、兴致高昂，一下子把宴会的气氛推到了高潮。这样的演讲题材无疑是水到渠成、十分理想的，这是因为，在这个世界上，再也没有比听众自己更能激发听众兴趣的题材了。

　　因此，我们应该牢牢记住：假如一个人跳出了家务、工作的业障——不再为它们操劳了，那么，我可以打赌，他或她的绝大部分时间必然会放在对自己的欣赏或赞美之上；对普通大众而言，相对于什么意大利还清了对美国的外债之类的事，他们会更加关心自己家里的宠物猫是否生病了之类的问题；即使南美洲爆发了一次大革命，也丝毫提不起他的兴趣，但他却可能会花上一上午的时间去思考怎样才能把自己的宠物打扮得更漂亮；对女人而言，她的牙疼甚至比东南亚大海啸更令她沮丧；她也宁愿听别人对她的夸赞，即使这样的夸奖微不足道，她也会屏住呼吸仔细专心地听，就算是在她旁边有人正在盛赞华盛顿也不会使她分一点儿心。

　　德怀特先生深知这一点，所以他抓住了众人的心理，取得了成功。

满足听众的个人兴趣

　　数年以前，《美国杂志》横空出世，取得了举世瞩目的发展，其销量的增长速度使整个报刊界为之轰动。《美国杂志》为什么在短短的几年之间能有这大的发展呢？原因就在于一个叫约翰·希登道的人和他的思想。我第一次见到希登道先生时，他正在《美国杂志》负责如何才能激发公众对《美国杂志》兴趣的工作。那时，我已经在《美国杂志》上发表过很多文章了。于是，有一天我们如约相见，长谈良久，他告诉我：

　　　　你应该明白，人都是自己的，他们不会对与自己无关的事感兴趣的。他们不会对政府拥有多少铁路的权利感兴趣，但他们一定会对如何出人头地，如何赚得大量的金钱以及如何使自己的身体保持健康、永葆青春感兴趣。所以，假如我要是这个杂志的主编的话，我一定会通过我的杂志告诉人们：怎么保养自己的牙齿、怎样才能在炎炎的夏日里保持清爽、怎样才能求职成功、怎样才能买到称心如意的住房、怎样才能避免语法错误，等等。就一般情况而言，读者也会对

著名人物奋斗的故事充满兴趣，因此，我也会请许多名人来
讲述自己是如何通过奋斗从芸芸众生中走向成功，以及发家
致富的经历。

在这次谈话后不久，希登道就被任命为杂志的主编，全面负责杂
志工作。在他接受杂志以后，他把自己关于杂志的思想完全付诸实践
了。在最初的一段时间里，杂志的发行量并没有什么改观，反而有所
缩小，但希登道并不灰心，仍然坚持自己的信念。结果是出乎所有人
意料的好，在杂志的发行量经历了最初的缩小之后，就一下子猛增到
了 20 万份，紧接着是 30 万、40 万、50 万……为什么会发生这样戏
剧性的变化呢？究其原因还是在于杂志里的东西抓住了公众的兴趣。
就这样杂志的发行量一步一个台阶，很快又接连冲过了月发行量 100
万份和 150 万份两个大关，最后达到了创纪录的 200 万份。然而，他
并没有因此而满足，杂志前进的步伐仍在继续，在以后的几年中《美
国杂志》沿着发展的快车道继续壮大。这一切的成功，都来源于希登
道以及他的"满足读者的个人兴趣"的办报理念。

谈论与人性有关的东西

在演讲的时候，假如你老是讲抽象的观点或事情，那么我敢保证
你的演讲很难成功，不但你不能成功还很容易令人感到厌烦。与此相
反，假如你总是谈论一些与人性有关的东西，那么听众一般都会全神
贯注地聆听。同样的道理，在街谈巷议中，最吸引人的也是人性。

我曾经在英国和法国给许许多多的孩子做过演讲。在这些演讲
中，我很快就发现了一点规律：假如我给孩子们讲一些人物故事，那
么孩子们一定会聚精会神地听，台下鸦雀无声；而一旦我开始讲一些
抽象的观点或者泛泛而谈时，孩子们就坐不住了，他们开始窃窃私
语、抓耳挠腮、坐立不安。

我曾在巴黎听过一群所谓成功的美国商人以"怎样才能取得成
功"为题的演讲。在他们的演讲中，大多数人都在讲与家庭美德相关
的话题，这使得听众们大感厌烦。不久之前，我也曾在无意之间听到

了一个号称全美最杰出商业人士以"如何成功"为题而做的演讲，很不幸的是，他也重复了那些成功的美国商人的错误。许多在俱乐部演讲或巡回演讲的演讲者也大都会犯同样的错误。

因而，如果在我的课堂上发生了类似的问题，我一定会中止演讲，然后对学生们老生常谈地说一些大同小异的话："没有人喜欢处于一种被告知的地位，更不会有人愿意享受这种情形。大家应该谨记一定要让自己的演讲紧紧抓住听众的兴趣、调动和激发他们的兴趣，不然，没有人会在乎你到底都讲了些什么的。同时，你还必须牢记——在这个世界上人们最感兴趣的不是别的而是一些经过理想化加工后的传言和故事。

所以，如果你实在讲不出什么你认为人们会感兴趣的东西，你就不妨讲一个简单的两个人的故事——一个是怎样通过艰苦奋斗取得成功的，而另一个又是怎样一步一步走向失败的。这样的故事比比皆是随手拈来，人们不但非常乐意听，还往往能从中有所得。并且，与那些枯燥的、抽象的说教相比这些故事简单有趣多了，何乐而不为呢？

令人欣慰的是，一个学员已经开始把这种方法用到演讲中了。刚开始演讲时，他也感到《怎样才能取得成功》是一个有着相当难度的题目，并且，他对这个问题也不太感兴趣，他也不认为其他人会对这个题目抱有热情。最终，他想到了我曾经教过的讲故事的办法，因而他就给听众们讲了一则故事：

> 话说有这样两位学生，其中一位很俭朴，就算是买一件T恤，他也要逛遍镇上的商店，反复比较——比较价格、款式、质量等，以保证自己不花冤枉钱。当他从工程专业毕业以后，他又为自己制定了很高的奋斗目标，而不愿意从基层干起，在毕业三年以后的同学聚会时，他仍然保持着自大学以来就养成的购衣习惯，而且，时刻盼望着天上掉馅儿饼的好事。一晃 29 年，他仍然是老样子，闷闷不乐地活着，一事无成。
>
> 与第一位小伙子不一样的是，第二位小伙子取得了超乎所有人预料的成就。这位取得成功的小伙子性格复杂多变，他周围所有的人都对他喜爱有加。虽然他志存高远，但是他的脚却站在地上，他明白一口吃一个胖子是不可能的，在刚

毕业时，他委身于绘图工一职。然而，就是在这样平凡的岗位上，他仍然没有失去信心，没有放弃理想，一丝不苟地积极努力地工作。

　　机会总是青睐有准备的人，不久，一个机会就降临在第二位小伙子的头上：全美博览会将在布法罗举行。他知道，在那里自己所学的工程学知识将大有作为。于是，他马上放弃了费城的工作，来到了布法罗。凭着他人见人爱的性格，很快就和当地一位很有政治影响力的人物成了朋友。紧接着，两人签订了合同开始了合作关系，他们一起为当地的电信公司提供各种特殊服务。最后，他卓越的工作能力使他取得了成功，他不但是一名富翁还是西部工会的主要负责人。

　　上面，我们只是大概地介绍了这位学员的演讲，而在演讲现场的妙语连珠、妙趣横生、观众的热情是很难加以描述的。这位学员平时总是为演讲题材的收集而烦恼，可他的这场演讲，在不经意间就过了半个多小时，并且精彩无比，听众们如痴如醉，感觉好像刚过了几秒钟而已。这场演讲可算是这个学员的第一次真正的成功。

　　从这个例子中，我们每个人都感触良多，受益良多。其实，不管演讲的题目多么普通，只要我们善于把一个个有趣的故事有机地和演讲结合起来，演讲就会充满吸引力。在演讲的时候，我们并不苛求演讲者要面面俱到，只要能够运用具体的事例对问题做出深刻的阐释就行。

　　如果条件允许，我们应该在演讲中多运用一些涉及人们矛盾或争斗的故事。按照常理，人们总是对打架或者争斗满怀兴趣。我认为："全世界没有人不喜欢争斗。"如果你有所怀疑，那么你尽可以去看看那些大热的小说、杂志或电影，其中常见这样的情节：男主角在追求女主角的道路上总是障碍重重，但最后经过了艰难险阻男女主角总会走到一起，而此时，人们也会感到很满意。

　　可以这样说，没有故事能逃脱这样的程式：让我们对故事中的男女主角产生好感，说明男女主角彼此之间强烈的愿望，渲染要实现这个愿望面临的重重困难，然后向人们展现男女主角为了实现愿望而进行斗争的过程，直到皆大欢喜的结局——理想的实现，男女主角走到了一起。

因此，在我们讲述一个人是如何通过自我抗争克服重重困难最后取得成功时，人们总会欣欣鼓舞、兴致勃勃。我一位做杂志编辑的朋友也曾这样告诉过我：人们总是对发生在身边的活生生的故事充满特别的热情。假如一个人的生活充满了抗争和奋斗，那么我相信世上的大多数人的生活和他也不会有什么差别，既然这样，只要我们能够在恰当的时间恰当的地点把这些讲述出来，人们一定无法拒绝它的吸引力，这一点我深信不疑。

善于运用图景措辞

要组织一篇妙趣横生的演讲词是否有诀窍呢？的确是有的，虽然人们常常会把它忽略掉，但它的重要性却无与伦比。然而，令人遗憾的是，人们在演讲中不仅忽略它，甚至有许多演讲者根本对它一无所知。可能，在他们的思维里演讲没有技巧可言。但它却是实打实的存在的，这种技巧要求人们在组织演讲词时要多运用一些能够在人们头脑中创造出图景的措辞。

一般而言，假如一个演讲者能够不费吹灰之力地让听众明白自己所说的话，那么，我敢肯定他一定是一个善于运用图景措辞的人。反之，如果他的语言模糊、陈词滥调，那只能起到催眠的作用。

图景之于演讲，就像空气之于人一样重要，假如你的演讲和谈话随处可见它的踪影，那么你的言语必将更富有趣味，也更具有影响力。

赫伯特·史宾塞也早已在其著名的小品文《经典哲学》里指出了演讲的这一技巧——演讲措辞的美妙之处就在于它能在人们的脑海里勾勒出美妙的画面。这样的演讲，人们通常很难忘怀，就像电影院里放映的经典动作片里的场景一样深入我们的脑海。

运用对比激发听众的兴趣

下面是麦考雷大法官对查尔斯一世的宣判文书。大家可以很清楚地看到麦考雷在文书里不但大量使用了形象化的语言，还特别注意保持句子结构的平衡。此外，他态度鲜明的对比使听众兴趣大增。可以这样说，如果这文书是一间房子的话，那么强烈的对比就是修砌房屋的砖和石灰。

> 我们在此控告查尔斯，因为他违背了自己就职时的誓言。而且，他私生活不检点，对婚姻不忠！是的，我们现在起诉他，正是他，把无辜的人们抛弃给了那些头脑发热的教士们，从此，人们饱尝痛苦；而对此，他唯一的应对就是深吻自己的小儿子！是的，我们很难不谴责他，因为他曾经宣誓要遵守《权利法案》的条文，而现在他又带头亵渎了它；而我们也听说他现在已经习惯了每天早晨 6 点去教堂听祷文！我们基于对他这种行为的考虑，再加上他那饰有锯齿边衣领的宽大衣服、英俊的脸庞和乱蓬蓬的胡子，我们一致认定他已失去了当代公众的支持。

兴趣的互动性

前面，我们已经讨论过什么样的素材能够吸引人们的注意力、激发人们的兴趣。然而假如你只是简单的机械式的照抄照搬这些方法，那么你的演讲不会有多大改观，很有可能反而会使你的演讲枯燥乏味，使人厌烦。

如何激发并保持人们对某些事物的兴趣是一件很微妙也可以说是玄之又玄的事情，实际上，这是一种非常微妙的心理感觉，它并不像公理原理一样有章可循，可以说其运用之妙存乎一心。

兴趣，是可以在人们之间相互影响的。不久前我在巴尔的摩授课的时候，在课间休息时，有一位绅士发表演讲警告大家："假如我们继续大肆地在切萨皮克海湾搜捕岩石鱼，那么，不久后这种鱼将会灭绝。"

很多年来，这个讲题一直萦绕在他的心头，他深切地知道保护岩石鱼的重要性和迫切性。在他演讲之前，我相信大多数人都会因为对这个题目一无所知而不会对它产生什么兴趣，但在他的演讲刚刚过半时，所有的听众包括我在内都已经深深地理解了他的观点，我们经过商议一致同意向立法机关递交保护岩石鱼的申请书，请求立法机构立法保护这种岩石鱼。

　　我曾经在伦敦听过一场演讲。在演讲结束以后，著名作家彭生热情洋溢地发表了自己的评论，他说相比较而言演讲的后半部分更能引起他的兴趣。当我问他原因时，他告诉我说："这位演讲者好像也对后半部分更感兴趣一点，我当然就被他感染了。"

无论哪位听众都是这样的，演讲者应该牢记这一点。

第十二章
必要的语言润饰

有的时候，无意识的行为要远比有意识的行为可怕，前者是我们所不能控制的，只能尽量把影响减少到最少，而后者却是我们完全可以控制、改变的。这位值得同情的英国陆军上校，尽管西装革履相貌堂堂，但他粗俗的言谈，却被人们贴上了缺乏文化涵养的标签。

一位穷困潦倒的英国无业游民徘徊在费城的街头，他非常希望能马上找到一份工作。稍加犹豫之后，他就毫不迟疑地走进了费城著名商人保罗·吉朋斯先生的办公室，请求吉朋斯先生给他一个面试的机会。吉朋斯先生用他那极不信任的眼光上上下下打量了一下这个闯进来的陌生人。显然，这个陌生人的打扮与吉朋斯先生的要求相差甚远。他的衣衫虽还算完整却没有一处干净的地方。总之，浑身上下都透着一股穷酸气。不知道是出于好奇还是怜悯的心理，吉朋斯先生给了这个陌生人一个面试的机会。

起初，吉朋斯先生只打算随便谈上几分钟应付过去就可以了。但令他万万没有想到的是，他们越谈越投机。慢慢地，谈话时间从几分钟延长到了几十分钟，又从几十分钟延长到了一个小时，谈话依然没有结束的迹象。当谈话结束时，吉朋斯先生当即就把这位陌生人推荐给了他的朋友、费城的大金融家罗兰德·泰勒先生。后者很快就邀请这位陌生人与他共进午餐，并随即给了他一个人人羡慕的职位。

那么，这位时运不济、穷困潦倒的无业游民为什么能在如此短的时间里扭转乾坤呢？原因非常简单，那是因为他能说一口极标准、地道、流利的英国话，或者说，他能熟练自如地运用英语。实际上，他本来就是英国牛津人，只是来费城做生意赔了钱，才穷困潦倒，四处找工作度日。在费城，他既没有钱也没有朋友，除了能说一口标准、优雅的母语外，他一无所有。但也正是他这最后的依靠——口才和语言，使他得到罗兰德·泰勒先生的赏识，从而跻身商界名流的行列。

这位陌生人是很幸运的，他的经历也是非比寻常的，并不是每一个人都能凭借一口流利、地道的母语而一步登天。但是，它确确实实为我们揭示了一个普遍的真理。那就是：人们通常都是根据一个人的言谈举止来判断这个人的，因为人的言谈举止并不是孤立存在的；它还包含了个人内在修养的外化。听众可以据此大致判断出这个人所受的教育程度、文化修养以及处于何种社会阶层。

我们每一个人时时刻刻都能通过四种途径和外界发生联系。而我们评判一个人言行的标准以及划分社会地位的依据，也是来自于这四种途径，即人们的职业、长相、言谈举止以及说话的技巧。然而，世上的大多数人，都是在一团糨糊的错误与迷茫中终其一生的。对于这些人来说，离开学校就意味着学习的终止，他们再也不会花时间去增加自己的词汇量；而在语言的表达与运用方面，也不会再精益求精力求言简意赅，他们已经习惯了在话语里充满大白话和废话。他们的语言千篇一律缺乏创意也就不难理解了，而且还常常因为云里雾里的表达而使旁人不知所云。同时，由于疏于学习，他们还会犯一些低级的语法错误，我就经常遇到一些这样的情况。

在不久前的一个下午，当我正一个人站在罗马大竞技场发呆时，一位英国陆军上校走了过来和我搭讪。在他简要地做了一下自我介绍后，就开始眉飞色舞地向我讲述他在不夜城的故事。但是，很煞风景的是，话还没有说上两句，接二连三的低级语法错误就不停地从他的嘴里蹦了出来。我深深地为他感到惋惜。于是我仔细地打量了一眼这位英国陆军上校，只见他西装笔挺皮鞋锃亮，一尘不染。显然，他这一身是经过精心打扮的。他希望以此来建立自信，并赢得他人的尊重。

但是，他花了很大的工夫去修饰自己的外表，却丝毫没有意识到自己的语言比外表更需要润饰。像他这样的人，也许会因为同女士交谈时忘记脱帽致意而感到懊悔不已，却不会因为屡犯低级的语法错误或者言语混乱给听者带来困扰而感到歉意。更糟糕的是，之所以会发生这一切，完全是因为他下意识地想这样做。

有的时候，无意识的行为远比有意识的行为可怕，前者是我们所不能控制的，只能尽量把影响减少到最少，而后者却是我们完全可以控制、改变的。这位值得同情的英国陆军上校，尽管西装革履相貌堂堂，但他粗俗的言谈，却被人们贴上了缺乏文化涵养的标签。

担任哈佛校长长达三分之一世纪的查尔斯·伊列特博士曾经说过："在我看来，教会学生说一口流利、精确、地道、优雅的母语是学校的基本任务，也是衡量一个学校教育的标准。"这是一位有着数十年教育经历的资深教育界人士的肺腑之言，很值得我们深思。

如何使语言优雅凝练

既然语言的润饰对于人们是如此的重要，那么我们怎样才能使自己的语言简洁、优雅、顺畅呢？其实，这没有什么秘密，也不神秘，方法非常简单。林肯就因为熟练地使用了这种方法而取得了巨大的成功。再也没有哪个美国人能像林肯那样，仿佛拥有点睛之笔，能够化腐朽为神奇，任何枯燥乏味的语言经过他的手都会变得优雅凝练，可以令听者为之动容，闻者为之动心。

有人据此就认为林肯是语言天才，但林肯的家庭背景和成长经历并不支持这种说法。

林肯出生在肯塔基州的一个木匠家庭，父母都没有上过学。在林肯当选国会议员时，他在自己的教育背景一栏中填了一个形容词："有瑕疵的"。的确，林肯一生在学校中学习的时间满打满算也不超过一年。就在这总共不到一年的时间里，他遇到的那些老师几乎都是将教学作为谋生的手段，为了养家糊口，他们四处游荡，很难稳定下来。因而，林肯在学校能学到的东西是可以想象的，简直少得可怜。总而言之，家庭和社会并没有为林肯提供一个良好的成长环境。

后来，林肯通过努力成了律师。虽然林肯的工作环境有了改善，但他周围的环境仍然不足以使他练就卓越的语言能力，这是因为他工作所接触的都是一些语言平淡无奇的农夫、商人、律师界同行以及诉讼当事人。那么，林肯到底是怎样逆水行舟取得巨大成功的呢？

原来，林肯一点儿也没有把精力浪费在这些市井小民身上。他把学习的对象锁定在了当时的社会精英身上，抓住一切机会，从这些人的思想中汲取养分。这些人中不但有政界名流、歌唱家，还有伟大的诗人和作家。林肯勤奋好学、记忆力惊人，他可以熟练地背诵伯恩斯、拜伦、布朗宁的诗篇和著作。但他并不满足于此，为了烂熟于心并能随时翻阅，他甚至特地买了两套《拜伦诗集》，分别把它放在办公室和家里，办公室的那套还因为翻阅得过于频繁而散了架。

后来，林肯成了美国总统，在为南北战争殚精竭虑、形神劳损时，他也总要抽出一点时间阅读拜伦的诗集。有时，他会在半夜一觉醒来时翻阅诗集，读到令他兴奋的诗句时，他就会穿着睡衣、拖鞋，叫来他的秘书，让秘书一遍一遍地把这些诗句念给他听。林肯对莎士比亚的作品可以说是情有独钟，几乎对莎翁的每部作品都有一些深刻而独特的见解。对于一些由莎翁的作品改编的电影、话剧，林肯也同样喜欢，他并不像某些观众看过便罢，在看的同时他更注意的是演员是否完全表达了莎翁作品的思想。他还曾因此给一位名叫海凯特的男演员写过一封信，毫不客气地批评他曲解了莎翁剧作的主旨。

散文也是林肯非常偏爱的。随时随地他都可能因景生情，不由自主地朗诵起优美的散文来。他不但喜欢读别人的作品，自己也经常写一些文章。在他姐姐结婚时，他就创作了一篇散文诗作为礼物，曾经轰动一时。当林肯步入中年打算回过头来整理这些文章时，连他自己都不敢相信，这些文章竟然有厚厚的一本。林肯天性谦逊，不喜欢张扬，因而他从不轻易让人看他的文章，即使是他的亲人也不例外。

《林肯传》的作者罗宾逊曾经这样写道："他是一位自学成才的伟人。他用高尚而纯粹的文化知识武装自己的头脑。你们也许会把他称为天才，的确，他也可以说是个天才。但是更确切地说，他成功的轨迹应该用爱默生教授评论托马斯的话来形容：'他很小的时候就不得不离开了学校，他是靠着自己孜孜不倦的勤奋与努力才取得成功的。而这种孜孜不倦的勤奋与努力正是他取得成功的秘诀。'"

拥有良好口才的诀窍

一提到林肯，人们自然而然地就会想到著名的"葛底斯堡演讲"，这就好比提到爱因斯坦就会想起相对论一样。"葛底斯堡演讲"是林肯为了纪念葛底斯堡大捷而作的。在这次战役中，双方前后一共投入了17万兵力，7000多人在这次战役中阵亡，受伤者不计其数，这场战役的激烈程度可想而知。然而，"葛底斯堡演讲"的影响却远远地超过了这场战役本身，在人类文学史上写下了浓墨重彩的一笔。在听了这场演讲后，查理斯·萨姆纳先生就预言，这篇演讲将万古长青、永垂青史。

很多年后，人们可能会渐渐地忘记葛底斯堡战役的惨烈以及它的历史作用，但没有人会忘记"葛底斯堡演讲"；或许，正是因为这篇演讲的存在，人们才牢牢地记住了葛底斯堡战役。时间已经使预言变成了事实。

埃迪沃德·埃伍瑞特也曾在葛底斯堡林肯发表演讲的地方作了一个长达两个小时的演讲，但他在这两个小时里究竟都讲了些什么，已经没有人记得了。而林肯的"葛底斯堡演讲"不到两分钟，时间短得连摄影师都还没有来得及架起原始的照相机。然而，就是如此短的一场演讲，却被人们千古传颂。这其中的原因，值得我们深思。

现在"葛底斯堡演讲"已经被镌刻在不朽的青铜制品上，永久地保存于牛津大学图书馆，供世人瞻仰缅怀。它是人类文学史上的一座丰碑，每一个致力于公共演讲的人都有必要学习、诵记它。

87年前，我们的先辈们经过艰苦卓绝的斗争终于在这块大陆上创立了这个自由民主的新国家。他们以人天生就是平等的为信条，并时时刻刻准备为保卫这个原则而献身。现在，我们正在进行的战争是一场伟大的战争，是两种道路的决战，是对我们这个信奉自由民主的国家的一次巨大考验。今天，我们大家在这个伟大的战场上集会，为那些为了这个国家、为了自由民主信条而牺牲的人送行，把这块土地作为他们的安息之地。毫无疑问我们这么做是完全正确的，但是，从广义上来说，我们没有资格这样安排这块土地，因为我们既不可能使之神圣，也不可能使之光荣，只有那些曾经在这块土地上英勇战斗过的勇士们才有这样的权利，他们不管是已经死去还是仍然活着，都早已将这块土地神圣了、光荣了。世人也许不大会注意，可能更不会长久地记住我们今天在这里说的话，但是他们一定不会忘记这些长眠在这块土地上的勇士们在这块土地上所做的事。我们这些有幸活下来的人不但要牢记这些勇士，更要把勇士们未完成的事业向前推进直至成功。他们的牺牲会鼓舞我们献身于这项伟大的事业，为了他们的付出我没有理由不去完成这项事业，我们要通过艰苦奋斗使这个受到上帝庇佑的国家获得新生，我们要使这个民有、民治、民享的政府永远屹立于世界。

大多数人都认为，整个演讲的精髓就在于最后那句话，而且这句经典的话完全是林肯的原创。但事实并不是人们想象的那样。当林肯还在伊利诺斯做律师的时候，他的合伙人赫顿就曾经赠给他一套西奥多·派克的演讲集。林肯视之为珍宝，非常仔细认真地阅读了这本书，对于书中的某些经典语句，他不但能背还做了标记。其中有句话是这样的："什么是民主政府？民主政府就是完全由所有人直接自治的政府。它的地位凌驾于全民之上，而又是全民共治和共享的机关。"而西奥多·派克也不是这句话的原创，他很可能是受到了丹尼尔·韦伯斯特的启发。因为，在派克首次说出这句话时，韦伯斯特就在他写给海涅的一封回信里提到过和这句话意思相近的表达："什么是全民政府？全民政府就是民有、民治、民享的政府。"

假如我们继续追根溯源的话，很容易就会发现：韦伯斯特也是受到了美国前总统吉姆斯·门罗的启发，他早在30多年前就在一次演讲中发表过类似的观点。接着往上推，英国神学家、宗教改革家威克利夫在500年前翻译《圣经》时就曾写道："《圣经》是一部奉献给为民所有、为民所治、为民所享的政府或国家的著作。"威克利夫也不是这句话的原创，到目前为止能找到最早说这句话的是古希腊时期雅典政治家、宗教界领袖克里昂，他在一次演讲中公开宣称要把雅典建设成"民有、民治、民享"的国家。在克里昂之前，到底是哪位先贤创造了这句伟大的话已经久不可考了。

真正全新的事物是寥寥无几的，由此可见一斑。即使是像林肯这样伟大的演讲家，他们的经典话语也不是凭空产生的。他们在演讲或者谈话时之所以能妙语连珠，就在于他们是站在前人的肩膀上的，而且是他们勤于读书、努力学习的结果。

润饰语言的秘诀

多看多记就是拥有良好口才的诀窍。无论是谁，如果想使自己的词汇量变得丰富，那么，他除了不断地从人类知识与思想的宝库中汲取养分外别无他法。约翰·布兰特曾经感叹："但我在图书馆里看书时，一种悲哀经常困扰着我，那就是，人生何其短，知识何其多。有限的生命使我无法尽享眼前的知识大餐。就算是我不吃不喝，惜时如金，穷尽一生所学到的知识也不过是冰山一角。"

布兰特和林肯一样出生在一个贫困的家庭，不到 15 岁就被迫辍学做工，从此再也没有上过学。但是，布兰特却成为他那个时代最伟大的演讲家之一，他尤其以英语的娴熟运用而闻名。梅花香自苦寒来，布兰特的成功并不是偶然，是他艰苦奋斗的结果。他抓住一切可以利用的零碎时间，零敲碎打地潜心阅读拜伦、密尔顿、莎士比亚、雪莱等人的著作。遇到经典的词句或者篇章就会摘录在笔记本上，以便于随时诵记。为了丰富和扩大自己的词汇量，布兰特甚至每年都会重温一遍《失乐园》。

罗伯特·路易斯·史蒂文森是西方文学史上最受人们爱戴的传记文学大家之一，他的作品那种生动美妙、引人遐想的语言风格又是怎么养成的呢？史蒂文森将亲口为我们揭开这个谜团。

每当我读到一些自己感觉格外愉悦的文章或是语句时，我就会立刻把它们记下来，然后按照它们的风格试着写一些相似的句子，很期望自己也能够拥有点睛之笔，化腐朽为神奇，用优雅恬静的文风，为读者营造一个赏心悦目的环境。我一次次地努力，但始终无法达到那种理想的写作境界。老天爷是不会亏待努力的人的，我的这些努力并非一无所得，我在文章的结构框架上、在各章节的内容协调上以及语句的押韵融洽上都取得了长足的进步。

就这样，我坚持不懈地读完了英国著名批评家、散文家海斯利特以及华兹华斯、托马斯·布朗宁、狄福、霍桑以及蒙田等人的著作，并对他们的写作风格和模式分别进行了深入的研究和模仿。

不管您怎样评价我的方法，聪明抑或是愚蠢，但就我个人的经历而言，这的确是一种学习写作的有效途径，我就是虔诚的实践者。英国著名浪漫派诗人约翰·济慈的成功也可以说是这种方法的一次有效实践。他的诗就是以文辞声调优美而闻名的，真可谓是一时无双。

当然，有一点是必须要事先申明的，真正的大手笔并不是平常所能模仿的。或许你也曾努力地模仿过，只是没有成功罢了。但请你一定要记住下面这两句话：失败是成功之母；水到渠成。

上面我已经列举了许多名家是如何提高自己语言能力的例子，润饰语言的秘诀大家也应该有所领悟了吧。林肯曾经给一位热切渴望成为一名出色律师的年轻人写过一封鼓励信，他在信中写道："成功的秘诀无他，就是学习、学习、再学习；就是要勤读书、勤思考。"

把内心蛰伏的信念表达出来

每年出版的书籍数以万计，而时间却是有限的，我们怎样才能解决有限的时间与阅读数不清的书籍之间的矛盾呢？阿劳德·比耐特所著的《如何利用一天中的 24 小时》会为我们解开这个问题。

读完这本书，你会感觉畅快淋漓，收获颇丰，在这本书里收录了许许多多和这个问题有关的，并且非常有趣的事情。例如，它会精确地告诉你在这一天中你白白浪费了多少时间，怎样才能避免浪费时间，以及如何有效地利用你可以利用的时间等。全书只有薄薄的 103 页，每天花上十来分钟的时间，一周以后你就能轻松地把它看完。

不要找借口，说什么没有时间，每天十来分钟的时间相对你浪费的是很少的，你还完全能够把早上例行的 30 分钟的读报时间压缩成 10 分钟，剩下的时间足够让你每天读上 20 页了。你甚至还可以把书拆开，每天带上 20 页，放在口袋里随身携带，随时都可以拿出来阅读。

托马斯·杰斐逊曾在自传里这样写道，"自从我开始阅读罗马演讲家泰西塔斯、英国科学家牛顿、古希腊数学家欧几里得等人的著作以后，我就渐渐地养成了不看报纸的习惯。我发现这些著作要比报纸有趣得多。"当然，我并不是提倡大家都不去看报纸，但是，假如你能压缩一下读报的时间，把节省下来的时间用来看别的更有意义的书，潜移默化之中，你可能会突然发现自己比以前更快乐、更明智。你不妨先找一部经典名著来试试，每天撕下 20 页随身携带着，在不读报纸、等电梯和坐在公共汽车上的时候拿出来读。

当你读完了整本书以后，再用橡皮筋把书捆好。尽管书的外形已经"惨不忍睹"了，但书的内容却已深深刻在了你的脑海中，你会发现自己和以前大不一样了。当然，你也可以选择使书保持光鲜的外表，而将其束之高阁，但你却无法真正拥有这本书。孰好孰坏，无需多言。

读完这本《如何利用一天中的 24 小时》，你可能又会对阿劳德·比耐特的另一本书产生兴趣，它就是《人类机器》。这本书对你了解人性是很有帮助的，还可以培养你稳健、沉静的性格，从而能够使你更巧妙地应对复杂的人际关系。我之所以会为大家推荐这两本书，不单单只是因为它们的内容极具启发性，还因为作者在写这本书时，力求语言表达精练雅致，这对丰富和扩展你的词汇量也会有很大的帮助。

这里还要给大家推荐几本书，希望能对大家有所帮助。美国小说家富兰克·诺里斯的《章鱼》和《股市风云录》，是荣登美国最畅销小说榜的小说。《章鱼》讲述了发生在加利福尼亚一片麦场上的骚乱和人生悲剧的故事；《股市风云录》描述的是芝加哥股票交易中人们之间的尔虞我诈和明争暗斗。英国著名小说家、诗人托马斯·哈代的《德伯家的苔丝》，是一本有史以来最具质朴之美及天然魅力的小说，尽管从书的题材来看，它只是描述了一个出身贫穷的女孩外出谋生，失足泥淖而遗恨一生的故事，是一个老套的"无产阶级姑娘被资产阶级男人所勾引"的故事，但它无论是在内容上还是在艺术上都有其特点。

除此之外，纽厄尔·德怀特·希尔希的《人之于社会的价值》、威廉·詹姆斯的《给教师们的忠告》、拜伦的《希尔德·海诺德游记》以及罗伯特·路易斯·史蒂文森的《骑驴漫游记》都很值得大家读一读。

　　拉尔夫·沃尔多·爱默生是一位非常受人们爱戴的演讲家，他认为人们应该以内心的自我、直觉以及大自然作为生活和现实的出发点。对于那些强调个人主义者或者不墨守成规的人，对于那些迫切需要打破古训，寻求内心真实的人来说，爱默生的演讲具有特别的吸引力。

如何运用和获得新生的力量

　　每个人在求知的过程中，终有一天会意识到：妒忌就是无知；模仿就是自杀。无论好歹，在每个人的心里都有一份属于他们自己的世界。虽然在这片广袤的世界里到处都充满了珍馐美味，但是只有那些勤于耕耘的人，才会有所收获。赋予他内心的力量，实质上是新生的力量。只有他自己才明白如何运用和获得这样的力量，而且他也只有在尝试之后才能知道。

　　下面还要再给大家介绍两位世界著名的语言大师。他们会是谁呢？其实，美国著名作家亨利·欧文很早以前就替我们回答了这个问题，他曾被别人问及如果让他选出 100 部最优秀的作品他会怎么选，他的回答也正是这个问题的最佳答案。那就是《圣经》以及莎士比亚的作品，这两部作品同时还是整个西方文学界长盛不衰的源泉，因此大家有必要经常诵读。每当夜幕降临，结束一天繁忙的工作之后，一个人静静地坐在书房里，研读莎士比亚的作品，让它向你讲述罗密欧与朱丽叶凄婉动人的爱情故事，抑或是让它告诉你麦克佩斯的远大理想及不懈的奋斗，这是一种多么美妙的艺术享受啊！

　　假如你真的这样做了，在日积月累和不经意之间，你的语言表达就会变得优美而凝练，你的人格也会因此而变得高尚脱俗。歌德曾经说过："只要你告诉我你曾读过哪些书，我就会知道你到底是一个什么样的人。"

　　为了方便携带和阅读，大家没有必要去买那些大部头的著作，每次花50美分买些爱默生的散文或是莎士比亚的短剧就是不错的选择。短小的作品更易于引起人们的阅读兴趣，在轻轻松松之间就能大功告成。

每天掌握一个生词

在纽约，曾经有这样一位演讲家，因为他的演讲句子结构缜密、语言表达简洁而优美，所以备受人们推崇。在他最近举行的一次演讲中，他将自己是如何拥有惊人口才的秘密公之于众。原来，每当他与别人交谈或阅读书报的时候，一旦遇到不熟悉或者不知道的单词，他就会随手记在笔记本上，晚上回家以后，他总会在第一时间查阅字典，认真地弄清楚这个单词究竟是什么意思，应该怎样使用。假如一天中没有发现什么生词，他就会把每天晚上查字典的时间用来读弗纳德的《同义词、反义词和介词》这本书，认真地理解每个单词的意思，掌握每一个用法，所以他的词汇总能充满新鲜感并且多姿多彩、变化多端。

每天掌握一个生词就是他成功的诀窍。这表示他每年都能比前一年多掌握 365 个词汇。为了加深记忆，他只要一有空就会翻阅那个记录着生词的笔记本，时间久了，他就发现只要把一个单词用上三次，就会牢牢地记住它了。

曾担任过美国总统的伍德·威尔逊对英语的运用已经达到了出神入化的境界。他的文章和演讲，包括他参与起草的美国对德宣战的宣言书，都毫无疑问能在西方文学史上占有一席之地。那么，工作繁忙的威尔逊又是怎样提高自己的语言能力的呢？他曾亲口讲述：

> 我的父亲对我们要求特别严格，他绝不允许任何不规范的表达从我们的嘴里说出。一旦我们出现了口误，他马上就会予以纠正；每当我们在学习中遇到不熟悉的词时，父亲都会立刻放下手头的工作，耐心地给我们解释，为了让我们更加深刻地记住这些生词，全面了解和熟悉这些生词的用法，父亲还经常鼓励我们使用生词造句。
>
> 美国作家、演讲家马克·吐温年轻的时候喜欢长途漫游，他经常只身一人乘坐马车从密苏里州到内华达州游历，因为行李非常笨重，马车走得太慢，再加上当时的交通很落后，路面状况特别糟糕，马车上根本就不能多放行李，因为

马车上多承受一份重量，在行驶时就会多一份危险，所以他的旅途可谓布满艰辛。马车的载重是有限的，除了必须用的食物和水，几乎没有什么空间再带其他东西了，就算是这样，马克·吐温仍然想尽办法带上了一部《韦伯斯特大词典》。无论是翻山越岭，还是沙漠穿行，抑或是被土匪强盗所追，马克·吐温都没有抛弃这部厚重的大词典。成为一名语言大师是他的梦想，为了这个梦想，不管条件多么险恶，他都始终如一、随时随地都不忘了学习。就这样，凭借着自己非凡的勇气和超人的毅力，他一步步地朝着自己渴望的梦想前进。

不仅仅是马克·吐温，布朗宁几乎每一天都要翻翻《韦伯斯特大词典》，他认为这部词典不仅具有很强的指导性，而且非常有趣，他每次翻阅时都能乐在其中；林肯曾经这样来形容他的传记作者尼科莱："他习惯在华灯初上时阅读词典，直到睡意来临才作罢。"实际上，他们都不是特例，凡是稍有名气的作家或演讲家都和他们一样，要是过不了苦读词典这一关，他们也就不会有现在的成就。

语言表达精确而细腻

精确而细腻地表达出自己的意思，是润饰语言的基本要素之一。无论是谁，想要做到这一点都不是一件容易的事，即使是那些训练有素的作家依然如此。范妮·赫斯特曾经告诉过我，她有一个习惯，那就是在写作时，每一个句子都要重复修改几十次。有一次她特地做了一个统计，结果她修改最多的一句话，前前后后算起来一共修改了有一百多次。玛贝尔·赫伯特·厄纳也曾经对我说过，对于即将发表的短篇小说，她通常会花上一下午的时间来反复地修改，而这样长时间的反复删改往往只是为了确定一两句话是否应该保留。而下面这个关于理查德·哈丁·戴维斯用词严谨的故事更是发人深省。

理查德·哈丁·戴维斯在写文章时，每一个用词都是经过深思熟虑，在众多的词汇中严格筛选。他不仅对单词、段落和章节改了又改，甚至连整个故事的情节都要反复推敲好几次，"严格甄选"就是他的写作原则。比方说，如果他打算描绘一辆汽车驶进大门的情景，他首先会仔仔细细地把他所看到的场景原原本本地记录下来。然后，他会开始修改，首先要做的就是尝试着把文章中与主题关联不大的部分删除，这是一个非常痛苦的过程，因为每当他准备删掉一处之前，他都会思考：如果删除了，这部分场景还完整吗？如果他感觉删除会使场景有缺憾的话，他就会打消删除这部分的念头，再试着对其他部分下手，力图通过这样的删减为读者展现一幅简洁、明快、完整的画面。正是由于理查德·哈丁·戴维斯严格遵守这条写作规则，才使得他的语言拥有经久不衰的魅力。

但是，大多数人是没有办法做到这条规则的。一方面是因为没有时间，而另一方面是因为没有耐心。我把戴维斯的故事告诉大家的目的很明确，那就是让大家明白，只要是稍微有所成就的作家，都对语言表达的精确性特别重视。要知道，能认识到这一点，对我们的英语学习是非常有帮助的，它会激发我们学习英语的兴趣。当然，在演讲时，任何人都不可能为了寻找一个恰如其分的表达而在讲台上犹豫半天，但是，如果演讲者在日常的交谈中就特别注意自己语言表达的精确性，并使之成为一种习惯，那么演讲时也就能使语言简洁、明快、准确了。"台上十分钟，台下十年功"讲的就是这个道理。

据说弥尔顿能够熟练掌握 8000 个词汇，而莎士比亚能够熟练掌握的词汇达到了 15000 个。通常，一本词典大约收录 50000 个词汇，但是一个普通人大概也就能掌握不超过 2000 个的词汇，再加上人们常有的思维惰性，根本就不会有人劳神劳力地去培养自己精确的语言表达习惯。人们只是随便地用一些连词把动词、名词、形容词简单地堆砌起来，这样就形成了句子和文章，这样的东西当然是粗制滥造、糟糕透顶了。

我给大家举个例子，我曾经去美国西部的科罗拉多大峡谷旅游过，并且在那里度过了一段难忘而美好的时光。但是，因为发生在那里的一件事却使我兴致全无。一天下午，我听见一位妇人在和人交谈时，她形容自己宠物狗的可爱、一片果园的美丽、一位男士性情的温和或是大峡谷的壮观都

统统使用了"beautiful"（美丽的）这个词，你说，这难道
不让人扫兴吗？

其实，能用于表达"美丽"的词是非常多的，她完全可以用某
些同义词去换掉重复的"美丽"，这样也会使她的语言变得美丽。罗
瑞就曾专门研究过"beautiful"（美丽的）的同义词，并且列了一张
清单，足足有 70 个，这里我就不一一赘述了。

假如你有兴趣的话，可以去翻翻罗瑞的《同类词汇编》，"beauti-
ful"的几十个同义词都可以在这本书中找到。就我个人而言，这本书
对我是不无裨益的。在我创作的时候，这本书从来都是放在我伸手可
及的地方，与我形影相随。而我使用它的频率更是十倍于词典。

罗瑞经过数十年呕心沥血地研究，写出的这本《同类词汇编》，
对于那些真正希望有所成就的人，除了勤翻阅、勤使用它，没有别的
选择，因为只有这样才会使它的价值充分显现，你才能使自己有所成
就。经常使用它吧，这样你的语言魅力将会与日俱增。

语言表达不落俗套

润饰语言的最后一个基本要求就是要力求风格清新、表达新颖。
你一定要鼓足勇气把自己独到的见解表达出来，即使这样的见解在别
人看来是很幼稚的，但是你应该知道"横看成岭侧成峰、远近高低各
不同"的道理，角度不同，产生的效果也会见仁见智，我们不能满足
于千篇一律，否则这个世界将会失去生气。

打个比方吧，一阵暴风雨过后，有人就创造出了"像黄瓜般沁
凉"来形容那种雨过天晴的清新，这样就是把自己内心独特的见解表
达出来，如果你用它来形容做完演讲后宴会的气氛，也还算有一点儿
清新与活力，没有落入俗套。

情境改变了，当然就需要用不同的修辞。就算是描写同样一种感
受，你也必须要从不同的角度去描写，以使表达更贴切、更流畅、更
自然。比方说，如果你打算描写"冷"这种感觉，你可以用秋风、
秋雨、蚯蚓、飘扬的雪花、南极的冰山、北极的海水、黎明、水里的

青蛙等来做比较，这样你就能让读者从不同的角度和层次感受到
"冷"的千变万化了，这也是常见的细微处见神奇的写作方法。

作为在日常生活中积累素材的一部分，只要有什么东西触动了你
"冷"的神经，你都可以把这两种事物关联起来。也许你的这些感受
是独一无二的，所以你的表达也必将是新颖而独特的。你一定要相信
自己，相信自己的感觉，大胆地去表达、去创造吧。

我曾经问凯瑟琳·诺里斯："怎样才能养成独特的风格？"她告
诉我说，"首先要多读书，特别是一些经典的散文、诗歌和小说，因
为读书是养成独特风格的基础；其次就是在写作时要注意用词的新
颖、独特，对于那些单纯堆砌辞藻和陈腐的表达一定要坚决予以
摒弃。"

一位杂志编辑也曾对我说过，在校对时，一旦他发现文章中出现
陈腐的表达，他便会毫不客气地将其退给作者。因为在他的写作理念
里，一个连语言表达都不能有所创新的人是不可能有什么独特的见解
和主张的。

第十三章
鼓励听众采取行动的技巧

天道酬勤，我们终于在这些研究讨论中得出了演讲结构的「魔术公式」。这个方法从开始采用到今天为止，一直深受好评。这个「魔术公式」到底是什么呢？

1930 年，我的"演讲口才训练"课程在全国各地开始受到热烈的欢迎，由于训练班上的人数太多，我只能要求每个学员演讲两分钟。如果演讲者的题材定位在娱乐或说明的情况，这个限制对演讲者并不会造成影响。但是，当开始练习发表"鼓励听众采取行动"的演讲时，情况就不一样了。如果采用传统的演讲模式——绪论、本论和结论，这种鼓励听众采取行动的演讲就无法展开了。我们需要一些新的东西，需要一个稳当而有效的方法，在两分钟里之内得到结果，并获得听众的响应与行动。

我们分别在芝加哥、洛杉矶和纽约，同所有训练班老师开展会议研究这一问题。他们当中，有人正在名牌大学演讲系执教；有人在企业经营方面有着举足轻重的地位；有人来自正在迅速扩展的广告促销界。我们希望结合这些人所拥有不同背景的智慧，能够找到一种新的演讲结构方式——一个合理的、能反映我们时代需要的、符合心理学和管理学的方法，以影响听众，促使他们采取相应的行动的激励性演讲。

天道酬勤，我们终于在这些研究讨论中得出了演讲结构的"魔术公式"。这个方法从开始采用到今天为止，一直深受好评。到底这个"魔术公式"是什么呢？

——一开始就描述实例的细节，生动说明你希望传达给听众的理念。
——详细而清晰地表达你的观点。
——陈述缘由，向听众强调，如果按照你所说的去做，会给他们带来怎样的好处。

这个公式非常适合于当今快节奏的生活。人们越来越忙，听众不能再沉湎于冗长的绪论之中。他们希望演讲者以直接的语言，一针见血地说出心中所要表达的话语。他们习惯于听不必转弯抹角，便能直接获得事实的精准、浓缩的新闻报道。他们已经被淹没在麦迪逊大街上铺天盖地的广告中，这些广告使用了招牌、电视、杂志以及报纸上一些鲜明而有力的词语，把信息一股脑地倾出。它们一字千金，丝毫没有半点浪费。利用这个"魔术公式"，可以巧妙地避免"我没有时间很好地准备这场演讲"或"你们的主席请我谈论这个题目时，我在想他为何要挑选我"这些毫无意义的开场白，从而引起听众们的高度注意，并将焦点对准演讲的重点。听众对道歉或辩解从不感兴趣，他们需要的是行动，在这个"魔术公式"里，你一开口便给了他们行动的动力。

本节首先讨论"打动听众以获得行动和响应"这一问题，接下来分别讨论：说明情况，增强印象使人信服，以及如何带给听众欢乐。

如何打动听众

当你开始演讲时，听众立刻就会被你的故事所吸引，但必须等到两三分钟之后，他们才能知道你所要讲的重点是什么。如果你希望在简短的演讲结束之后听众会按照你的要求去做，那你就必须使用"魔术公式"。例如，演讲者如果想让听众们为某件事慷慨解囊，用这样的开场白："各位女士们、各位先生们，我来这儿最主要的目的就是想向在座的每个人收取 5 美元。"是绝对不可能达到效果的，即使这件事情是多么值得让他们去掏钱，他们也一定会争先恐后地夺门而出。

相反，如果演讲者描述自己去探访儿童医院的时候，发现一个幼童在偏远的医院里，因为缺乏经济援助而无法做手术时，他的求助肯定会获得听众的响应。为期望中的行动铺路的，正是生动的故事和实例。

再让我们看看列兰·史脱先生又是如何打动听众，让他们支持联合国儿童救援行动的。

> 我祈祷自己再也不要看到这样的情景了：一个孩子的生命与死亡之间，仅差一颗花生的距离。还有什么是比这更惨淡的？当我费力地打开它时，一群又一群衣衫褴褛的孩子把我团团围住，向我伸过手来；还有很多的母亲，怀抱着婴儿在猛烈地推挤争抢……她们把婴儿伸向我，婴儿那皮包骨的小手抽搐地伸张着。我尽力使每一颗花生都能起到它的作用。我希望永远不要有这样的事情发生，永远不要活在这种悲惨的记忆中。如果某一天，你在雅典被炸得千疮百孔的工人居住区里，听到他们的声音，见到他们的眼睛……而我，在记忆中所留下的，只有半磅重的一罐花生。

　　在他们疯狂的拥挤之下，我几乎被撞倒。当我举目一望的时候，眼前的情景让我永生难忘。只见上百只祈求的手、抓握的手、绝望的手，但都是瘦骨伶仃的手。他们在这里分一颗盐花生，在那里分一颗盐花生，然后又在这里分一颗，再在那里分一颗。数百只手伸向我请求着我；数百只的眼睛闪烁着希望的光芒。我只能无助地站在那里，手中只剩下一个蓝色的空罐子……啊！天啊！我希望这样的情形永远不要发生在你的身上。

　　这套"魔术公式"还可以运用在商业书信以及对员工工作的指示中。母亲可以利用它来激励正在成长中的孩子，而孩子也会从中发现，利用它来向父母索要东西非常容易。它就如同一把心理利器，在日常生活中，你可以通过它把自己的理念传达给他人。

　　这套"魔术公式"，每天都被使用在广告中。最近伊弗雷迪电池公司在电视上播出的一系列广告，就是根据这套公式设计的。首先由主持人绘声绘色地讲述一个故事"某个人在深夜被困在了一辆翻倒的汽车里……"接着请出受害者详细告诉观众，他是如何通过使用装有伊弗雷迪电池的手电筒所发出的光亮，及时脱离危险的，最后，主持人再回到最初的目的中，点出"重点和缘由"："购买伊弗雷迪电池，你就可以在类似的紧急事故中得以生存。"这些故事来源于伊弗雷迪电池公司的真实档案资料。我虽然不知道这套广告帮助伊弗雷迪公司卖出了多少电池，但是我可以确信，这套"魔术公式"的确非常有用，真的可以有效地向听众陈述你要他们去做或避免去做的事情。

用戏剧性语言陈述事实

　　在演讲中，可以利用大量的时间来描述曾给你带来启示的经验。心理学家说过：一种是练习律，即让一连串类似的事件改变人们的行为模式；另一种则是效应律，即让单一事件产生强烈的震撼力，使人们的行为改变。

　　而这些是不需要我们花太多时间去苦苦搜寻的，在我们平常的生活中就有很多不同寻常的经验，而我们的行为多半也是受这些经验所

引导的。如果能把这些事件重新组织起来，就可以把它们变成影响人
们行为的事实基础。

在演讲中所陈述的事实，一定要把所获经验的事实重新改造，使
听众产生与你相同的感受。你也可以用富有戏剧色彩的语气陈述你的
经验，让它们听起来更有趣，也更有力量。

下面的建议，可以使你的举例步骤更清晰有力、更有意义。

1. 亲身经历所获的感悟

如果你的个人经验是曾经对你的生活造成强烈冲击的单一事件，
那么在演讲中运用它，将会很具效力。或许事情的发生不过短短的几
秒钟，但是在那短短的一瞬间，你已经学到了永生难忘的一课。

比如，培训班上有一位学员讲到了他落水后从翻转的船边游上岸
的故事后，我相信每一位听众都会这样想，当自己遇到了类似的情
况，一定会听从他人的经验教训而留在船边，等待救援人员的到来。

在听过一位演讲者讲述一个孩子除草时把电动剪草机翻转过来的
悲惨事件之后，在我的脑海中留下了深刻的印象。在以后的生活中，
只要有孩子在我的电动剪草机附近玩耍，我都会提高警惕。

训练班上的很多学员，都会对在班上所听到的个人经验印象深
刻，所以回家之后便会立即采取相应措施，防止家庭或附近再发生诸
如此类的事件。曾经有一位学员在听过一场有关烹饪意外而引起火灾
的演讲之后，就立刻将灭火器放在了厨房；而另一位学员则在一场演
讲之后，把家中所有装杀虫剂的瓶子都贴上了标签，并特别留意把它
们放在孩子拿不到的地方，以避免孩子误食中毒。

说服性演讲的必备条件就是运用你永远都不会忘记的经验教训。
利用这些事件，可以打动听众并让他们采取相应措施——因为听众们
会产生这样的推理，你所遭遇到的意外，他们也有可能遭遇，那么最
好听从你的忠告，做你希望他们做的事情。

2. 直接说出事件的细节

开门见山地举出事例是吸引听众注意力的最有效的方法。有些演
讲者在演讲中不能立即获得听众的注意力，大都是因为他们只会讲一
些老套的、没有新意的话，听众对此当然就不会感兴趣了。如数家珍
地细述自己如何选择演讲题目；或者说自己准备的足够充分；或像牧
师布道似的宣布题目或主题……这些内容都是在简短演讲中必须避
免的。

请时刻牢记某位一流报纸杂志作者的一句忠言"在你的故事中

间，必须抓住听众的注意力"。下面所列出的一系列开场白，都好像磁石一般吸引着我们的注意力：

  ——1924 年，我发现自己躺在医院的病床上。

  ——昨天早饭时，我的妻子正在倒咖啡……

  ——去年 7 月，当我驾车快速驶下 42 号公路时……

  ——我办公室的门被踹开了，我们的领班查理·冯闯了进来。

  ——我正在湖中央钓鱼，一抬起头，我便看到一艘快艇正朝着我快速驶来。

  "从前"是个非常具有魔力的字眼，它可以打开孩子们幻想的阀门。如果在开场白中事无巨细地交代时间、地点、人物、事件以及发生的原因，那么你还是在使用最古老的沟通方式获取听众注意力。采用以上相同的趣味方式，你一定能一口就抓住听众的注意力。

  3. 情景再现

  在演讲中除了需要运用图画般的细节之外，演讲者还应该让情景重现。演讲和表演有许多相似的地方，许多著名的演讲家都具有表演的天赋，这并不是一种只能在雄辩家身上才能找到的稀有特质，儿童的身上也具有这种才能，我们所认识的许多人也都具有这样的天赋，他们有着丰富的面部表情，而且还善于模仿他人的动作和手势。所有的人也都具有这样的技巧，只要稍加努力和练习，就一定能够让演讲感染所有的听众。

  在描述事件的时候，如果可以加入很多的动作和强烈的情感，就能够给听众留下深刻的印象，并引起他们足够的重视。演讲的内容无论有多么丰富的细节，都必须由演讲者进行再创造，以饱满的热情进行讲述，否则就无法达到预期的效果。如果你准备向我们描述一场大火，那么不妨先讲述消防队与火焰搏斗的场景，再让我们感受这场搏斗中人们焦灼、激动、兴奋、紧张的复杂情绪；如果你准备告诉我们，你同邻居之间的一场争吵，那就请你以戏剧化的表演再现当时的情景；如果你准备向我们描述在水中作最后挣扎时的惊恐表情，那不妨让我们体验一下生命里那些可怕的、让人感到绝望的情绪吧。

  举例的目的之一，就是让听众对你的演讲念念不忘。只有让事例深刻地印在听众的脑海中，才会让他们记住你的演讲，以及你所希望他们去做的事情。我们之所以能够记住华盛顿的诚实，就是因为他小时候砍樱桃树的事情，通过韦姆斯的传记，所以深入人心。

列举事例，不但可以让你的演讲容易被人记住，还可以让你的演讲更有趣味性，更具说服力，也更容易让听众理解。就某种意义而言，生活教给你的经验，已经被听众重新感知，他们已经下定决心按照你的指导去做。这样，我们也就走到了"魔术公式"的第二道门前。

4. 用鲜明的细节渲染故事

细节的本身并不具备趣味性，因此无关紧要的细节太多，同样也会让当众演讲变得无聊乏味。这好比到处散置着家具和古董的房间并不好看；一幅图画上全是不相关的细物也不会让人们的目光停留。所以，演讲内容必须选择能强调你的演讲重点和缘由的细节。假如你想告诉听众，在长途旅行前首先要认真检查车辆性能的状况，那么你应该举例详细讲述你在某次旅行前，因为没有事先检查车辆结果途中发生交通事故的惨痛教训；相反，如果你先讲的是如何观赏风景，或者到达目的地后在什么地方过的夜，就只会分散听众的注意力，冲淡你所想表达的重点意思。

如果你可以围绕话题的重点，用鲜明的细节来渲染你的故事，这将是最有效的方法。它不但可以帮助你重现当时的情景，还可以让听众有种事情就发生在眼前的感觉；相反，当你只顾讲述从前你是如何因为疏忽而发生意外，是很难让听众注意小心驾驶的细节的，这样的方法对你的演讲没有任何帮助。如果可以把惊心动魄的经历转化为语言，并使用各种华美的辞藻来表达你的切身感受，一定会把这件事情深深地烙在听众的脑海中，并且使他们相信和注意你的忠告。

下面是一位名叫杰恩的学员所做的一段演讲。

1949年，圣诞节的前一天早上，我驱车和我的妻子以及两个孩子在印第安纳州41号公路上往北行驶。我们已经沿着一段平滑如镜的冰路，缓慢行驶了好几个小时。只要稍稍触及方向盘，我的福特车就会随意地打滑。时间就这样一小时一小时慢慢地过去了。

等我们来到一处宽广的转弯处时，发现这儿的冰雪已经逐渐融化了，于是我加大了油门，想弥补刚刚失去的时间。其他的路人和我一样匆忙，似乎都想第一个抵达芝加哥。由于心情不再紧张了，我的孩子们开始在车的后座上唱起歌来。

不久之后，汽车走上了一段坡路，进入了一处森林地带。当汽车行驶到顶端时，我突然发现——可是已经太晚了——北边的山坡因为接受不到阳光的照射，路面上的冰还没有融化，我们的车一打滑冲了出去。接着我的车完全失去了控制，飞过了路沿，然后直立着落进了雪堆里。汽车的车门被撞碎了，我们的身上布满了碎掉的玻璃片。

上面这段演讲中所包含的丰富的细节，很容易让听众们身临其境。事实上，你演讲的目的就是要让听众们看到你所看到的，听到你所听到的，感受到你所感受到的东西。要做到这一点，就需要使用丰富而具体的细节描述。

点明问题，说出所求

假设你只有两分钟的演讲时间，那么大约已经有四分之三以上的时间，被你用来举例"获得听众行动及响应"的演讲了。现在你只剩下 30 秒的时间来说明你期望听众采取怎样的行动，和采取这种行动会给听众带来什么好处。这时应该做的是直截了当地声明，而不再需要讲述细节了。这恰好与报纸消息的技巧相反，不是让你先说标题，而是先讲故事，再以自己的目的或对听众行动的诉求作为标题。这一步要通过以下三条法则来进行。

1. 言简意赅地说出你的请求

言简意赅地告诉听众你希望他们做什么。人们一般只会做他们清楚和了解的事情。所以，当听众已经决定按照你的意思去行动时，你首先必须问自己，是不是真的已经明确地告诉他们该做些什么了。像写电报稿一样把重点写下来，是个非常可取的方法，最好是一些精简又能使其清楚地明白的语言。千万不要说"帮助我们本地孤儿院的病童吧。"因为这样的表达太笼统，而应该这样说："今晚就签名，下星期天集合，带 25 名孤儿去野餐吧！"

最为重要的是，你的请求必须是明显的行动，是做得到看得见

的，而不是心理活动，否则就太含混了，也达不到预期的效果。例如
"时时想想祖父母吧！"因为太含糊，所以不知应当采取怎样的行动，
而"本周末就去看望祖父母吧！"这样的表达就更明确些。再比如我
们经常挂在嘴边的"要爱国"，如果改成"下星期二就请你投下神圣
的一票"，就非常明确地指出了我们应该做的了。

2. 充满自信讲述重点

内容重点是演讲的核心，因此你应该有力量而且信心十足地陈述
出来。就像文章标题应该特别显著突出一样。你对听众行动的请求也
应该通过激烈、热情的演讲，明确地表达出来。提出你的请求时不应
该有不确定或者信心不足的语气。从现在起，给听众留下积极的印
象，让听众感觉到你的诚意。说服的态度应当持续到最后一个词，然
后开始进行"魔术公式"的第三步。

3. 给予听众明确的行动指示

无论讨论的问题是什么，无论人们是不是还在争论不休，演讲者
必须把自己的重点和对行动的请求讲得更容易，让听众理解和实行。
这样做的最好方法就是目的明确。例如，你想让听众增长记忆人名的
能力，最好不要说"现在便开始增长你对人名的记忆"。这样的表达
太笼统了，听众们只会觉得无从做起，而"在你遇到下一个陌生人的
5 分钟之内，请把他的姓名重复 5 次"这样的表达就非常简单明
确了。

演讲者长篇大论的说服始终不如给予听众明确的行动指示更容易
引发听众的行动。例如，在祝贺康复的卡片上签名，要比让听众寄一
张慰问卡片，或写信给一位住院的同学更能让听众付诸行动。

至于使用肯定还是否定的语气来表述，主要取决于演讲者的观
点。这两种方式并没有明确的好坏之分。但是，以否定方式说明应当
避免的事情，始终比用肯定陈述的方式提出请求更具说服力。例如，
若干年前为了销售电灯泡而设计的广告词"不要做摘灯泡的人"，这
句否定的措辞就获得了很好的效果。

简明扼要地讲明演讲动机

到了后面，你已经没有多余的时间可以消耗了，所以最后的陈述

一定要简明扼要地讲出自己的演讲动机；或者让听众明白，按照你的要求去做，将会获得什么样的好处。

1. 选择最突出的理由

推销员在劝说你购买他们产品的好处时，可以举出十个以上的理由；你也可以举出多个与你所使用的事例相关的理由来支持你的观点。然而，在举出理由时，最好还是选择一个最为突出的理由或利益。说给听众的最后几句话应当是清楚而又明确的，就像刊登在全国性的杂志里的广告词那样简短明快。如果你对这些融入了许多人的智慧所设计出来的广告词加以研究，将会对你处理演讲中的"重点和缘由"有非常大的帮助。

没有任何一个广告是一次说出两种或两种以上的推销理念的。在销售范围很广的杂志中，也没有任何一个广告使用了两个以上的理由来说明你应该购买某种商品的好处。同一家公司也许会从一种媒介改为另一种媒介，从而改变激发消费者动机的请求方式，如从电视改为报纸，但是同一家公司却很少在同一个商品中不停地诉求，不论是口头上的还是视觉上的。

如果仔细分析一下报纸杂志和电视中的广告内容，你会惊讶地发现，"魔术公式"在劝说人们购买商品时，也被多次使用过。由此可以深切地体会到，"切题"是让整个广告或者演讲成为一个统一整体的经纬线。

2. 把好处讲出来

前面已经详细地阐述了一个范围很大的当众演讲的动机。这些方法对于想要说服听众采取行动的演讲者有很大的益处。在"获得听众行动和响应的简短演讲"中，你最终要做的就是，在演讲的高潮之际，用一两句简短扼要的话把好处讲出来，然后坐下。不过，有一点一定要记住，你所强调的好处应当是从你所举的事例中引申出来的。例如，你想说自己买旧车可以省钱的经验，然后力劝对方也买二手车，那么千万不要偏离事例，可以对听众说"有些旧车的样式比最新款的汽车样式要好"。

本章的"魔术公式"仅限于演讲中的个人事例。在"获得听众和响应的简短演讲"中，这套公式是迄今为止最有趣、最具戏剧性，而且最具说服力的方法。在增强演讲说服力上还有很多的方式，例如：陈列、展示、引述权威评论、比较和引用统计数字等。这些方法将在之后详细介绍。

第十四章
说明性演讲的技巧

何不选择一种明智的做法呢？只谈它的一个方面，并且非常详细地去进行说明。这样的演讲虽给听众留下了一个单一的印象，但很容易使听众们听明白演讲者的意图。

　　曾经，一位政府高级官员的演讲把美国参议院调查委员会弄得坐立不安，如堕云雾。此人就像我前面提到过的某些演讲者一样，在演讲的时候不停地手舞足蹈，然而所讲的内容却根本没有表达清楚，甚至含糊不清、漫无边际。听众的困惑随着演讲的持续而逐渐加深。最后，一位来自北卡罗来纳州的参议员抓住机会，说了几句精彩绝伦的比喻。

　　他说，这位官员的演讲让他想起了家乡的一个男人。这个男人通知律师，说要把他那位长相端庄、厨艺一流而且是个模范母亲的妻子休掉。

　　"这样优秀的妻子为什么还要休掉她呢？"律师问道。

　　"因为她总是没完没了地说个不停。"这个男人回答道。

　　"她都说些什么呢？"律师又问道。

　　"就是这个让我讨厌啊！"男人无奈地回答，"因为她从来没有把自己要说的话说清楚过。"

许多演讲者都有这个让人讨厌的缺点。听众们根本不知道他们在说些什么，他们也从来没有说清楚过，也从来没有把自己的意思讲明白过。

　　我们每天都要面对许多说明性的谈话。比如，提出说明或指示；提出解释和报告。每个星期在各地举行的种类繁多的演讲中，说明性演讲仅次于说服性演讲。打动听众采取行动的能力，其实也就是清晰表达思想的能力。美国工业巨子之一欧文·杨，他也明确地强调了清晰的表达能力的重要性，他说：

　　"当一个人增强了自我表现的能力时，他也随之拓展了自己的作用。在我们这个共同合作的社会里，即使是最简单的事情，也必须依赖于人们的彼此协助，所以他们首先要做的就是相互了解。语言是最主要的传递沟通的媒介，我们必须学会使用它，不是粗略地学会，而是精准地学会。"

言之有序

在所有的演讲题材中，都可以运用到一定的时间顺序、空间顺序或者事物的逻辑顺序。

在时间顺序上，我们可以依照过去、现在、将来这样的顺序来整理演讲材料；也可以从某一天开始进行倒叙。所有的演讲过程，都是经历了从最粗糙的原始材料，然后经过各种各样的制造阶段，到最后完成真正的成品的过程。至于其中应该加入多少细节，这就要取决于你的演讲时间了。

在空间顺序上，我们可以立足于某一个点，然后由内向外拓展；或者也可以按照某个方位来处理。例如，北方、南方、东方和西方。假设你准备描述华盛顿城，你可以带领听众的思绪，从国会山庄的顶端，按照各个不同的方向选择有趣味的地方进行叙述；如果你要说明一架喷气引擎或者一辆有特色的车，最好的讲述方法就是把它首先分解成各个部分的组成零件，然后再逐一谈论。

但是有些演讲题材，它本身就具有自己的逻辑顺序。例如，美国政府的结构就有其原有的组织形态，如果你按照立法、行政、司法这三个部门依次进行介绍，演讲效果必然会十分清晰。

紧扣主题

威廉·詹姆斯教授曾经明确地指出：一个人在一次演讲中只能针对一个要点进行表述。他这里所说的演讲是指那种时间限定为一个小时的演讲。而我却在一个为时 3 分钟的演讲中，听到一位演讲者一开始就说他想谈 11 个要点。平均 16 秒就要说明一个要点！真是让人感觉不可思议！当然，这只是一个非常极端的例子，但是他所选择的方式，就像一位导游，带着一大群游客，要在一天之内看完巴黎所有景点的风光，这是根本办不到的事情。这也可以像在 30 分钟之内看完美国国家历史博物馆一样，根本不记得自己看到了什么。因此，他所作的这种演讲，只能让他像一只敏捷的山羊，飞快地从这一点跳到那一点。

就以劳工联盟作为演讲题目吧。在 3~6 分钟，你是根本无法告知听众关于这个组织成立的原因，它所采用的方法，它的建树和缺失，以及它是怎样解决工业争端的一系列问题的。如果你一定要坚持这么做，那么只会让听众对你所说的毫无印象。

何不选择一种明智的做法呢？只谈它的一个方面，并且非常详细地去进行说明。这样的演讲虽给听众留下了一个单一的印象，但很容易使听众们听明白演讲者的意图。

但是，如果你要谈论的内容真的很多，那我建议你至少在每个内容结束的部分做一个简单扼要的总结。

有一天早晨，我去拜访一家公司的总经理，却愕然发现他的办公室门口挂着一个陌生的名字。这家公司的人事部长是我的老朋友，于是我去问他，总经理为什么换成了别人？他说："他的名字害苦了他啊！"

"他的名字？"我很茫然，"他不是控制这家公司的董事之一吗？"

"我所指的是他的绰号，"这位朋友解释道："他的绰号叫'他现在在哪里？'同事们都叫他'他现在在哪里·琼斯'。因为他从来不肯花一丁点心思去了解整个公司的业务概况，只是四处乱转，毫无目的地打发工作时间。在他看来，看到船运部门的职员关掉一盏灯，或见到速记员拾起一张纸，比他研究一桩大买卖更为重要。他很少安心地坐在办公室里，所以我们称呼他'他现在在哪里'。没过多久，董事们便决定换另一个人来取代他的位置。"

琼斯的绰号"他现在在哪里"让我想起了许多的演讲者，他们之所以没能表现出更优秀的一面，正是因为他们像琼斯先生一样，想包揽更为广阔的范围。你应该听过这类演讲吧？在他们演讲的时候，你有没有想过"他现在在哪里"？

然而一些经验丰富的演讲者有时也会犯同样的错误。也许他们因为具备了多方面的才华，所以看不见精力分散所带来的危险。但是万万不可向他们学习，在我们的演讲中一定要紧扣主题。首先让自己清楚明了，听众们才会说："我明白他所说的，我知道他现在在哪里！"

条理分明

要想在演讲过程中给听众一种井然有序、条理分明的印象，最简单、最有效的方法之一就是：在演讲过程中，清楚地表明你的演讲内容有几个重点，首先你会讲哪一点，接着又会讲哪一点。

在演讲中你完全可以这样开门见山地说道："我要讲的第一点是……"当讨论完这一点，你可以再明确地提示你将要谈的第二点是什么，就这样一直说到结尾。

罗夫博士担任联合国助理秘书长的时候，曾在纽约罗契斯城市俱乐部主办的演讲会上发表过一次重要的演讲。他在演讲中便采用了开门见山的演讲方式：

> "今晚我演讲的题目是'如何挑战人际关系'，有以下两个原因，"他说，"首先……其次……"从头到尾，他都小心翼翼地让听众们明白他所说的每一个重点。演讲最后，他引领听众得出了最终结论："我们不能对人类向善的天性失去信心！"

在美国国会联合委员会千方百计地试图刺激一度停滞不前的商业经济的会议上，以税务专家和伊利诺斯州参议员的身份演讲的经济学家道格拉斯，也巧妙地采用了相同的演讲方法。他是这样开始演讲的：

> "我所演讲的主题是：最迅速、最有效的行动方式，是对那些几乎会用去所有收入的中低收入阶层进行减税。"

接着用了条例分明的方式继续他的演讲：

　　"具体说……进一步说……此外……有三个主要的原因：
第一……第二……第三……"

演讲最后则是：

　　"总之，我们需要的是，立即对中低收入的阶层实行减
税措施，以满足他们的生活需求和提高他们的购买力。"

第十五章
交流具有互动性

怎样才能学会使用自然的方式演讲呢？唯一的回答就是练习。在平时的练习中，如果发现自己的演讲有些矜持扭捏，那就要停下来，毫不留情地对自己说：「啊！是哪里不对呢？快想清楚！说话要体现人情味，要自然些。」

我们与人交流的方式通常只有四种，这几种交流方式是我们对彼此接触的情况进行评估或归类的依据。这四种主要的方式就是：我们都做了什么；我们看上去是什么样子；我们说了些什么；我们是怎么说的。在这一章里，我们首先要来讨论一下最后一种交流方式——我们是怎么说的。

在我刚刚担任公共演讲课程教师的时候，我先让学生花了很长的时间练习发声，让他们在讲话的时候注意利用共振原理来扩展他们的音域，从而使他们能够在说话的时候达到抑扬顿挫的效果。但是，不久之后我就发现一种情况：教导成年人如何提高音调，如何使他们学会运用流利的元音完全是徒劳无功的事情。但这种训练方式，对于一些希望利用三四年时间就改进表达技巧的人来说，确实是一种很好的方法。于是我意识到，我的这些学生只能依据他们自身的发音条件来进行训练了。同时，我还发现，假如我将这些时间和精力转移到其他的方面上，将会取得更大的收获，例如，辅助学生练习"横膈膜式呼吸"，帮助他们改变自己所固有的习惯以及使他们从长期的拘谨状态中解脱出来。工夫不负有心人，这种训练方法所取得的效果是非常惊人的，而且是非常持久的。感谢上帝，让我成功的选择了这样的方式并继续做下去。

用自然的方式演讲

有一次，我在瑞士阿尔卑斯山下一个风景秀丽的堀市停留了一段时间。那时我住在由英国伦敦公司经营的一家酒店里，这家酒店每周都为客人从伦敦请一些演讲者来做演讲。有一次，酒店请来了英国一个著名的小说家来演讲。她演讲的题目是"小说的未来"。她自己承认所选的题目不好，她不知道这场演讲要持续多久，而她关心的只是她能不能讲出她所认为有价值的全部内容。于是，在她开始演讲前她匆忙地做了一个很杂乱的笔记，而在她演讲时，她忽略了听众，甚至不看他们一眼，她的目光不是在听众的头顶，就是在看笔记，或者就是望着天花板。她的话语伴随着迷离的眼神，听上去声音似乎很遥远，原始而空洞。

这算不上是一场演讲，她只是在自言自语，因为这里根本不存在交流。在听演讲时，听众们必须有这样的感觉：演讲者的话语要发自肺腑，要展现出他们的闪光点，做到这点，演讲才能起到深入人心的作用。而上面提到的那种演讲方式就像是对着满地的黄沙和沙漠风化物做演讲一样，而不是对着活生生的人演讲。

现在的一些有关表达方面的书籍都是废话，毫无用处。他们运用规则和仪式等形式把"表达"弄得神秘起来。如果在现在的演讲中用上了老式的"雄辩术"，那都会变得荒谬无比。商人们认为去图书馆或是书店看有关"演讲术"的书是完全没用的，也不能给他们带来任何帮助。尽管现在的学校加强了对孩子演讲能力方面的教育，但是在其他一些国家里，孩子在学校里被要求背诵语言华丽的《演讲者的雄辩术》，实际上，这本书像十分老式的抽水机一样无用，像古代用的羽毛笔一样脱离时代的发展。

从 20 世纪初开始，有一些学校就开始出现并使用一种新式的演讲方式教程。依照时间来看，这是一种非常现代化的演讲教程，就像汽车一样实用，这种新的教程采用图表以及类似广告性质的商务化操作系统。然而，昔日非常流行风趣的话语在现在听起来却是难以忍受的。

当今的听众，无论是会议上的十几个人，还是大帐篷下的数千人，这些听众都需要演讲者能运用一种闲聊的讲话方式与他们说话，还要让听众有一种交流的感觉，也需要这个演讲者自身具备超凡的吸引听众的能力。为了成功，演讲者要发挥比面对一位听众更多的能量和手段来面对 40 名听众，如同一个伟大的英雄选择平凡的生活化特性来装扮自己，使普通人容易接近。

> 有一次，马克·吐温在美国内华达州军营刚结束演讲，就有一位老人家走上前问他："可以用你自然的表达方式发表你的演讲吗？"

听众想要的是：自然方式的演讲。

怎样才能学会使用自然的方式演讲呢？唯一的回答就是练习。在平时的练习中，如果发现自己的演讲有些矜持扭捏，那就要停下来，毫不留情地对自己说："啊！是哪里不对呢？快想清楚！说话要体现人情味，要自然些。"

接下来设想你在听众中找到一个人——他也许是所有人中最不认真听演讲的人，也许是坐在最后排的人，你与他闲聊，假设这个听众问你一个问题，你是唯一能回答他问题的人，并且正在回答他。如果他是站着和你说话，你也要站起来和他说话。通过这样的训练过程，会使你的演讲更加平和，就像你平日和人交谈时那么自然、直接。因此，在做这种练习的时候，就把它设想为一幅真实的情景画面吧。

通过不断的练习，你的进步也许会很顺利。最后，你就会感到你能非常逼真的提出问题，而且予以回答。比如，当你与其他人谈话的时候，你大概会问："各位是不是有这样的疑惑：我能够这样说是不是有证据呢？的确，我是掌握了充分的证据，现在就让我说明一下吧……"接下来，你就可以回答自己提出的这个想象中的问题。这种方式看上去是很自然的，并且让你不会有唱独角戏的单调感觉，会使你的演讲十分直接、畅快，就像是和朋友闲谈一样。

在你面对社区委员会进行演讲时，你应该用一种同老朋友聊天的态度。社区委员会能有什么特殊的呢？它其实就是由像约翰那样的一群人聚在一起的团体，在你单独对付约翰时用的方法，也可以同样用在这一大群人身上。

在前面，我们讲述过一个小说家在演讲时的失败。几个晚上以后，就是在她当时演讲的地方，我们很荣幸的听到了奥利弗·劳兹爵士的演讲。他的演讲题目是"原子和世界"。奥利弗对于这个演讲题目真可谓是驾轻就熟，因为他在这个领域中摸爬滚打了近半个世纪，他一直在思索、钻研、试验和探究这个课题。有一些学术上的东西已经成为他心灵、思想和生命中不可缺少的内容了，所以在这个题目上，奥利弗感到他有一些东西必须一吐为快。站在演讲台上，他似乎已经忘了他是在演讲，他唯一关注的是要正确、明了并且感性地说出听众们很关心的原子的问题。看，他是多么的满腔热忱，认真努力地使我们分享他的所知、所感。

最后是什么结果呢？魅力四射的奥利弗做了一场精彩超凡的演讲。他的演讲水平达到了出神入化的程度，给台下的听众留下了深刻的印象。然而，我认为他从来没有想到自己是一名演讲者，我也相信，所有听过奥利弗演讲的人，从根本上就把他当作是一名"大众演讲家"。

如果在你进行公众演讲后，有人怀疑你接受过当众演讲的训练的话，那么这实际上不是什么表扬，更不是为你的老师在争面子。作为老师，我对学生的要求就是，你在演讲时能采用自然、轻松的方式讲话，让听众没有时间去怀疑你是不是接受过真正的演讲训练。一扇窗户，它没有什么可以惹人注意的，但是它会在那默默地放出光线。好的演说家的演讲是那么的自然，没有阻挡，让人不会在意他讲话时的神态，而只会把注意力放在咀嚼他所提出的观点上。

以开放的姿态接受听众

在培训的课程中，我设置了几门特殊的课程，目的就是要消除人们的自我意识、内心的紧张和拘谨的情绪，从而能以开放的姿态接受听众。所以我请求我的学生们丢弃那些条条框框的束缚，真切的展现自己。实际上，如果他们能够放得开的话，他们就会迎来一个热情的世界。我承认我的确花费了一些时间来做到这一点，但是我认为这是非常值得的。就像法国的马歇尔·富希元帅在谈到战争艺术时说到的一句话："看着容易，做着难。"同理，想要消除演讲者羞怯不安的心理，除了要消除他们身体上的局促不安以外，最大的难点是消除他们心理上的固执。

面对众人很自然的说话也不是一件简单的事。特别是对于演员来说，他们深有体会。例如，一个三四岁的小孩子可以滔滔不绝、非常流利地在听众面前讲话。可是，当他24岁或者34岁时，再让他站在讲台上讲话，试想那又是什么样的情景呢？他还能像4岁时演讲得那般流畅自然吗？大概吧，但是多半情况会是：他变得呆板羞怯、拘谨而机械，像一只受到惊吓的乌龟，略伸出头向外面张望了一下，就迅速地缩回壳里了。

不记得有多少次，我在听别人演讲到一半的时候就打断了他们，请他们能够"像正常人那样说话"。也不知道有多少个夜晚，我绞尽脑汁地训练学生要自然地说话。在我回家以后，还是感到身心疲惫。一定要相信我，做这件事真的不像说起来那么容易。

有一堂课是对话练习，我让学生们扮演不同的角色，其中，有的角色还要求讲方言。在他们表演的时候，他们对自己的表演都兴奋不已，因为虽然自己表演的有点傻，但他们在表演中的感觉很好。其中一些同学的表演天赋更是让人赞叹。可我的观点是：假如在你演讲的时候，你的头发掉出来一缕，你还能像平时那样说话，那么，在你真正演讲的时候，你就能做到像平常说话那样自然流畅。

达到这个境界，你就会感到一种自由，就像一只离开久居的樊笼、欲展翅高飞的小鸟。因此你也能够明白，为什么人们会蜂拥前往剧院或是电影院了，因为在银幕或是舞台上，他们不仅可以看到自己同类的一种无拘无束、自然、尽兴的表演而且他们还看到了人们胸怀和情感的袒露。

聚精会神地演讲

真挚、热情也是你成功的有利条件。如果某个人会按感觉做事，那么他的内心世界就会表露出来，其热情就会排除障碍，使行为质朴、纯真；说话也就很自然；他的表现就能达到自然如初。

综上所述，聚精会神的演讲就是很好的表达技巧，也是这本书中一直强调的演讲技巧。耶鲁大学神学院的院长布朗在给学生布道时说：

> 我有一个朋友曾参加过伦敦的教堂仪式，之后他给我描述当时的情况，这让我永远地记住了这个仪式。朋友说，那天是由乔治亚·麦克唐纳演讲，他平心静气地说："关于什么是信仰，我就不多说了，教授们所总结出来的定义要比我所说的精确得多。所以，我今天来这儿的目的就是要帮助你们建立信心。"接下来，乔治亚又用简括、真诚而高雅的方式阐述了他本人超然永恒的信念。因为他的全神贯注使他的演讲产生了惊人的效果，并得到了听众们的好评与认可。能有这样的成果，是因为他真正运用了源于内心的语言，让人感觉到他思想上的美。

乔治亚·麦克唐纳的演讲之所以获得了成功，其秘诀就在于他能全神贯注于自己的工作，当然这个秘诀也适用于其他人。据了解，也不是所有的人都应用这个秘诀。而这个秘诀让人不满意的地方主要是因为它让人觉得模糊、不明确。对于一般人来说，他们希望给出的建议是简单明确的、能够很轻易地运用在实际操作中，最好的建议就是能让他们直接使用，照着做就行，就像是汽车驾驶使用手册，每一个步骤都很清楚明了。

一般人能有这样的期望是很正常的，我也同样有这样的想法，我希望我所提供的建议或是忠告恰巧是他们想要的。这样的建议或是忠告会让普通人做起来很轻松容易，我的工作也就会跟着变得容易。但是，我很抱歉地告诉大家，这样的建议或是忠告也许是不存在的，假如存在，它也不会给我们带来什么效果。恰恰相反，这样的建议或是忠告会给你的演讲带来负面影响，它会使你的演讲变得不自然、失去生命和色彩，不能引起听众的兴趣。

我曾接受过这样的教训，在我年轻时，我花费了很大一部分的时间和精力在揣摩和磨炼这些实施起来很容易的规则上。可结果却徒劳无功。因此，在这本书中是不会出现那些所谓的容易规则，就像乔希·布令斯运用其轻松的口吻说过："知道的都是没有用的东西，就等于没有用！"

美国大学演讲课程至今还把埃德默·步克善于逻辑推理和布局谋篇的演讲词作为典型案例来学习。但是步克实际上却是一个十分失败的演讲者。因为他不会在听众面前展示他最精彩的一面，他的演讲没有吸引力和影响力。因此人们送了他一个绰号——"国会下院的开饭钟"。每当他走上讲台准备演讲的时候，台下的人不是咳嗽、抽鼻子，就是打瞌睡，甚至转头就走。

你可以使出全部的力量向一个人身上扔子弹，但是你几乎无法使子弹在他的衣服上留下一个洞。然而，你要是用蜡烛点燃子弹里的火药，那它就能射穿一块木板。对于演讲也是这个道理，我很抱歉地告诉大家，如果一场演讲没有给听众留下很深刻的印象，那它就像是没有弹药的子弹一样，不会留有丝毫痕迹。

做有个性的自己

在演讲过程中，能尽其表演天赋的演讲家，是我们很欣赏的，因为他们不害怕表达自己的观点。他们也不怕使用那些独一无二的、特别的、具备个性化、饱含想象的方式说出符合听众口味的话语。

在第一次世界大战结束后不久，我在伦敦时看到罗斯·史密斯和凯恩·史密斯兄弟。那个时候，他俩刚刚完成首次从伦敦到澳大利亚的飞行壮举，并且他们因此赢得了5万元的澳大利亚奖金。与此同时，兄弟俩的这一壮举在大英帝国的土地上引起了巨大的震动，英国女王也特意授予他们爵位。

在兄弟俩的首次飞行中，还有一位有名的风景摄影家哈雷上尉一直和他们在一起，并坚持到最后，哈雷上尉用照相机记录了飞机飞行中很多经典的画面。而我是在兄弟俩的一次演讲中认识他们的，当时他们在伦敦"爱乐厅"发表演讲，我帮他们展示那些照片，同时我的另一个任务是训练他们怎样更好地进行演讲，以便将这次不寻常的经历更好地表现出来。他们在伦敦的演讲安排是这样的，每天有两场，下午一场，晚上一场，两个人正好各自主持其中的一场。由于演讲的效果十分好，使这个活动一直持续了四个月之久。

应该说，他们两个人有着相似的经历，他们曾共同驾驶一架飞机飞越了半个地球，他们的演讲词也可以说是雷同的，因为他们运用的词语都很相似，可是，当你听过他们两个人的演讲后，你就会发现他们说的简直就不是同一件事情。

为什么会出现这样的现象呢？那是因为他们在演讲中使用了带有强烈个性化的词语，这些词语让他们的演讲表现了不同的意味。当你向听众描述你的经历时，仅仅在同一个细节上并不会每次都使用相同的词吧，不是吗？

布鲁洛甫是俄国的一个大画家。有一次，他修改学生的习作。当学生看到被修改后的作品时，惊讶的表情难以形容，喜出望外地叫了起来："您只改动了一点点，为什么看上去就和以前完全不一样了呢？"布鲁洛甫回答说："一点一滴汇聚了艺术的生命。"

是的，绘画与演讲的道理是相同的，他们就像是由两位钢琴师演奏出来的乐曲，有一点不同就风格迥异。

这样的道理也可用在演讲的艺术上。英国的议会中流行一句话，"一切事情要看重人们在讲述中运用了什么样的表达方式，而不要看重事情本身是什么样的。"其实，罗马学者昆提连在很早以前就说过这句话，而当时的英国还只是罗马帝国的一个殖民地而已。

我们可以生产出两辆完全一样的轿车，但是，我们是找不到两个完全一样的人的。普天之下，每个新生命的诞生都是一个全新的自我；就像一件事的发生不会和过去发生的事情完全相同一样，并且未来也不可能发生相同的事。年轻人应该明白这种自我观点；而且还要找到突出自己个性的独一无二的闪光点，它们会让你与众不同，年轻人还可以为此专门培养并挖掘出这方面的价值。社会上的人都被放进同一个模子里进行锤炼，被铸造成同一个样子。但是，我想说的是，不要失去我们生命中的闪光点，它是我们作为一个社会人唯一的证明。

所以说，这就是成功演讲的真谛。在这个世界上，你是找不出与你完全一样的另外一个人。尽管芸芸众生都有两只眼睛、一个鼻子和一张嘴，但是这些人中没有一个人是与你长得完全一样的，而这些人中也没有人具备你所拥有的闪光点以及你的思想。当你自然地讲话时，几乎没有几个人会和你用同样的方式表达观点。换一种说法就是你是独一无二的。

对于一个演讲者来说，你最重要的财富就是你的个性。把它抓住！懂得珍惜它！努力地发挥它！这是使你的演讲产生无穷力量的闪亮的火花，它还会使你表达出对听众的无比真诚。这也是你个人具备的重要性的唯一真实的证明。我由衷地恳请你们，绝对不要进入别人设计好的某个模子里，使自己彻底失去个性。

语调变化以及肢体语言

在演讲的过程中，演讲者与听众进行交流的渠道除了语言之外，还可以通过语调的变化以及肢体语言来传达信息。无论是耸肩膀、挥动手臂、皱眉、提高音量、改变声调或音调，还是根据具体场合、题材的不同而改变语速，这些都能够体现不同的意味，给听众传达了不同的思想。

值得注意的是，上面所提到的与听众沟通的方式都是通过强化训练所产生的结果，而并不是由自然的内在因素所造成的。事实上，我们平时说话会受到自身精神状态和心情的影响，从而出现音调转换和声音高低的不同。因此，我们才要求演讲者最好选择那些自己熟悉的并且能够让听众产生强烈兴趣的内容作为演讲题目。因为只有这样，我们才能在演讲的时候很自然地与听众沟通，并对讨论的问题与听众进行热切的交流探讨。

年少时的纯真自然随着年龄的增长而渐渐被消磨殆尽，人们会不经意地落入某个固定的模式，其中还包括身体语言、声音习惯。绝大多数人不再像小时候那样充满活力和光彩，不善用抑扬顿挫的方式和人说话，哪怕是出于很自然的反应，也有很多人不愿意把自己的意思表露出来。日子久了，我们在和别人说话时就养成了一种很固定并且很呆板的表达方式，有时候甚至说话的声音大小都是固定不变的，更不用说所运用的词语了。

在这本书中，我们反复提醒大家在演讲时注意做到自然而然，也许有人会误解这句话，认为"自然而然"就是随心所欲、胡乱用词，不必在意话语中的遣词造句。不，绝对不是这样的！我在这本书中提到的自然，就是要求演讲人在演讲的时候做到全神贯注地传递自己的思想，并且任何时候都不能认为自己已经做到了最好，已经把词汇运用得出神入化，已经无法更有想象力了，已经不能再完善了。当然，事情是没有绝对的！山外有山，人外有人，孜孜不倦地钻研追求更有效的演讲方式，才是一个优秀的演讲家自我激励的目标和方向。

要想提高自己的演讲艺术水平，首先要测量自己音量的高低、声调的变化和语速的快慢情况。在测量时录音机是很好的帮手，另外，你也可以找你的朋友帮忙。如果条件允许的话，最好的方法就是能请来专家亲自为你指点。

值得一提的是，这些测评和练习的因素里面都不包括听众。即使你能出神入化地演绎上述的部分，但那并不是演讲的全部，只有面对听众才是最关键的，时刻不要忘记要在听众面前展示的表达技巧，要知道如何更有效地表达自己的意思。只要你站在听众面前，你就要使自己全身心地投入到演讲之中，全神贯注地对待听众所产生的心理和感情上的感染力和冲击力，这样，你实际的表达和沟通能力才能得到提高，而且会比在书上学到的更有效、更有力度。

第十六章
说服性演讲的技巧

无论何时何地，演讲者的演讲目标都是要获得听众的赞成。在这一点上格伯莱先生的演讲就有着非常充分的理由使我们赞成他，认同他。

有一天，一群人发觉自己正处于一场风暴的中心。事实上，这不是一场真正的自然风暴，我只是用它来做个比喻。确切地说，这场风暴起因于一个叫毛里斯·格伯莱的人。他们是这样讲述的。

在芝加哥，我们围坐在餐桌旁。对于这个人我们是耳熟能详的，他是一位声名远扬的演讲家。当他站在台上演讲时，台下的每一个人都会目不转睛地看着他。

他讲话时的神态很安详，也许是因为他是一位整洁而儒雅的中年人。在他演讲开始的时候，他首先对我们的邀请表示感谢，他说要给我们谈一件严肃的事，如果他打扰了我们，还请我们原谅。

接下来，他就真的像是一场强烈的龙卷风向我们席卷而来。他将身体前倾，两只眼睛牢牢地盯在我们身上。虽然他没有提高自己的声音，但是我们却好像听到了一阵铜锣轰然炸裂般的巨响。

他说，"望望你的四周，再看看彼此，你们知道现在坐在这个屋子里面听我演讲的人中将会有多少人死于癌症吗？55岁以上的人当中，每4个人就有一个是死于癌症。4个人里面就有一个人啊！"

他停了一会儿，说："这是很常见但也是很残酷的事实，可这样的事实不会长久，我们可以研究癌症产生的病因，从而寻找治疗癌症的方法。"

他神情凝重地看着我们，目光围绕着桌子移动了一圈后对我们说："你们愿意共同努力解决问题吗？"

在我们的头脑里，难道除了"愿意"之外还能够找到别的回答吗？我想我的回答是"愿意！"后来，我发现别人的想法和我的想法是完全一样的。

毛里斯·格伯莱在短短的一分钟里就赢得了我们的心。他把我们每个人都拉进他的话题中，让我们赞同他的观点，共同参与到为人类谋求幸福的事业当中。

"感染力"是热情的根源

如果演讲者能够运用富有感情和感染力的热情向听众讲述自己的信念，那么听众就很难产生相反的想法。我所提到的"感染力"是热情的根源，它可以把相反的理念统统抛开。你演讲的目的就是要说服别人，因此选用动之以情的方式所达到的演讲效果要比晓之以理的方式好很多。如果想激发听众的热情，那么演讲者首先就应该热情如火。即使演讲者能够编造出华丽的词句，能够搜集丰富的例证，拥有和谐的声音、优雅的手势，但他不能够以真诚的态度进行讲述，那么他所富有的这些特征也只是空洞无用的装饰，并且只有演讲者自己先对所要演讲的内容有很深刻的印象，在演讲的时候才会使听众也有深刻的印象。你的精神通过你的眼睛而闪烁出光彩，通过你的声音而传达到四面八方，通过你的态度而抒发自我的情感，这样的精神力量便可与听众进行交流。

每一次的演讲，尤其是发表具有说服性质的演讲时，听众的态度取决于你的行为。如果你冷淡，听众也会如此。就像亨利·华德·毕所写到的："在你演讲的时候，如果听众们昏昏欲睡，那他们只有一件事可以做，给服务员一根削尖的小棒，让他猛刺那个演讲者。"

有一回，哥伦比亚大学邀请我担任"科蒂斯奖章"的裁判员之一。当时有六名精心准备演讲的毕业生，他们都跃跃欲试，急于表现自己。但是在这六个人中除了一个人之外，都只是想得到这个奖章，获得荣誉，因而这五个人的演讲很少有或者说是根本没有要说服听众的欲望。

他们所选择的演讲题目，都是以能够让他们在台上滔滔不绝地说上一阵为标准。但是他们对自己的话题却丝毫没有兴趣。他们流畅的演讲只不过是一种表达艺术的练习罢了。

而唯一一位不同于那五位竞争者的毕业生是来自非洲祖鲁族的王子。他的演讲题目是"非洲为现代文明做出了贡献"。在他的演讲词中，字里行间都饱含着一种强烈的热爱祖国的真实情感，他的演讲不是机械的练习，而是表现出了他自身对宣言的坚定和热情。他把自己当作非洲民族的代表，当作祖国那片土地的代表。他给我们带来的是深邃的科研成果、满腔的善意和高尚的品格，他不仅诉说了他的人民的希望，也向我们发出请求，希望得到我们的了解。

到最后，我们还是把这个奖章颁给了他，尽管他的演讲技巧不一定比其他人的好。但是他让我们看到了他那燃烧出来的真诚的火焰，这也正是他闪耀出来的真实的光芒。除了他，那五个人都是失败的演讲者，他们也因此上了一课：在演讲的时候，只会运用理智，而不将自己的个性展现出来，这样的演讲是没有说服力的。

因此，演讲中必须要将你对信念的诚挚之情展现出来。

赢得听众的赞同

美国西北大学的前任校长华特·狄尔·斯科特曾经说过："所有进入我们大脑的意见、观念或者结论，都会被人们认为是真实的，除了有一些相反的理念进行阻碍。"这个说法其实就是要求我们在演讲的时候争取获得听众的赞同。我的一个好朋友哈理·奥佛斯维教授曾就这种心理背景，在纽约社会研究中心的演讲中进行了很清晰的阐述。

对于有演讲技巧的演讲者来说，一开始他就能在演讲中获得听众的赞同，并能够借此引导听众开始朝着赞同自己的方向走下去。这种感觉就像撞球游戏中弹出的子弹，如果将它向一个方向弹出，若想让它转个方向就要花费一些力气；如果想把它向相反的方向推，那可就要花费更大的力气了。

在这方面，人的心理表现也是十分明显的。当一个人嘴里说"不"，并且在他的内心也是真的表示反对的话，他的整个身体——包括腺体、神经、肌肉等器官组织及神经系统都会把自己包裹起来，整体进入一种抵抗的状态。这也就是说，人体整个神经、肌肉系统都会加强戒备，团结起来拒绝接受。相反，当一个人嘴里说"是"的时候，他就丝毫没有要撤退的迹象。这时候他的整个身体是处在一种前进、接纳、开放的状态。所以，如果在演讲者刚开始演讲的时候就获得很多听众的"是"，那么他就能够成功地抓住听众的注意力，为演讲能够受到赞同铺平道路。

在演讲中争取获得听众的赞同其实只需要非常简单的技巧，但是往往有很多的演讲者将它忽略了。人们常这样认为：如果在演讲的开头部分不实行一种敌对的姿态面对听众，就不能突出自己的重要性，就像让激进派的人和保守派的人在一起开会，不到片刻双方便会火冒三丈。假如这样做只是为了寻找一点刺激的话，那情有可原，但是如果想通过这种方式最终达到什么目的的话，就有点愚蠢了。

假如你从开始的时候就让学生、顾客、孩子、丈夫或者妻子对你说"不"，然后你再把这种日益养成对你说"不"的习惯的人转变为对你肯定，说"是"的人，恐怕得具备神一样的力量、耐心与智慧。

那么，你怎样才能够在一开口的时候就获得你所希望的"赞成反应"呢？其实很简单。林肯曾说出了他的秘密："我在进行一场讨论之前先找到一个大家都赞成的观点，这样我所展开的讨论最终都是会取得成功的。"

举个例子来说，在他讨论矛盾尖锐的奴隶问题时，他都能找到一种共同的赞同点。中立性报纸《明镜》曾报道了林肯的一场演讲，报纸上是这样叙述的："演讲的前半个小时，他的反对者还是会同意他所说的每一句话。然而，他会抓住这一点，借此开始带领那些反对他的人一点点地走向林肯的目的地。"

如果刚开始演讲就强调一些你和听众都相信的事实，再用一个恰当的例子，不仅可以巩固你的观点，也可以使听众愿意听下去，这样做不是更有利吗？这个时候，你还可以带着听众跟随你一起去寻找答案。而在这个过程中，为了让听众接受你的带领，同意你的结论，你就要将自己十分清楚的事实一一陈列在他们面前。由他们自己发现的事实会让他们更有信心。"看上去像是一场演讲者解脱的辩论，但这才是真正一流的辩论。"

在各种争议当中，无论有多大的分歧、有多么尖锐的冲突，在演讲者和听众的心灵中总会有一些能够产生共鸣的地方。例如，前英国首相哈罗德·麦克米兰曾在南非联邦国会的两院发表过演讲。南非当局那个时候正在采取种族隔离政策，而麦克米兰必须要面对南非立法团体，并向他们陈述英国的无种族歧视观点。那么麦克米兰是不是一开始就提出双方的矛盾分歧呢？当然不是。他在演讲的开头提到了南非在经济上取得了多么了不起的成就，为世界做出了多么重大的贡献。然后他巧妙、机智地说到了双方存在分歧的问题。但即使是说到了这一点，麦克米兰还是很诚恳地指出自己十分了解这样的分歧是出自双方各自不同的理念。可以说这场演讲非常精彩，它能与林肯在苏姆特堡发表的温和却坚定的言辞相媲美。

麦克米兰首相在演讲中指出："身为大不列颠的成员，我们真诚地希望我们能够给予南非一些支持和鼓励，不过在此请各位不要介意我的直言：我们大不列颠政府现在正在努力给予自由人政治前途——这也是我们所坚信的信念，所以，我们在支持和鼓励各位的同时，也没有违背我们自己的信念。无论谁是谁非，我认为我们都要共同面对一个事实：这就是我们还存在分歧。"

不管听众是多么坚定地想和演讲者对抗，当他听到这样的语言，他一定也会相信演讲者是怀着一颗公正坦诚的心的。

如果麦克米兰首相在演讲的开头就提到双方在政策上存在的差异，而不先强调双方所共有的赞同点，那结果又会是什么样呢？对于这个问题，詹姆士·哈威·鲁滨逊教授曾在《思想的酝酿》中给出了回答。

> 有时我们会发现，当我们处在一种毫无抵抗、情绪毫不激动的状态下，我们会改变自己的心思。但是，在改变后的情况下，如果有人说我们做错了什么，我们就会很厌恶这种批评，无论如何都不肯同意对方。在信仰形成过程中，我们不会刻意留心什么现象，但是一旦有人表示与我们的信仰不同时，我们就会对自己的信仰产生偏激的狂爱，很明显，我们所维护的并不是理念本身，而是与我们发生分歧的信仰理念伤害到了我们的自尊……

就是这么一个小小的"我"，却是人类最为重视的一个词，无论它所代表的是我的晚餐、我的小狗、我的家、我的信仰、我的国家，还是我的神，都具有相同的力量。我们相信我们所接受的东西，如果我们的任何假设遭到别人的怀疑，那我们就会愤怒地找一切借口来维护它。这样，我们大多数人所谓的"讲理"，实际上就是我们利用找到的一大堆借口继续维护着自己所相信的东西。

展示对他人的尊重

诺曼·文生·皮尔博士在谈到专业喜剧家的时候经常会说："人类天生就需要爱，同时也需要别人对自己的尊重"。所以在每一个人的心中都存在着价值感、重要感和尊严感。如果你伤害了某个人的内心，那么你将会永远地失去这个人。因此，当你去爱一个人、尊敬一个人的时候，你也同时塑造了他，而他也会同样地爱你、尊敬你。

有一天，我和一位艺人同台演出。当时我对他还不是十分了解，可是自从那次演出之后，我在报纸杂志上得知，他的声誉现在已经无法和过去相比，而且生活也陷入了困境。他为什么会落到这种地步呢？我想我是十分清楚的。

在那次和他一起表演之前，我静静地坐在他身边。突然他问了我一句："你看起来一点都不紧张吗？""啊，怎么？不，我其实很紧张，"我说，"当我将要在听众面前站起来的时候，我总会略微地感到紧张。因为尊敬听众的责任使我稍微感到紧张。莫非你不紧张？"他回答说："不会，怎么会紧张呢？台下的人其实都是傻瓜，他们不管你表演的好坏都能够照单全收，他们可都是上了瘾的瘾君子。""我不同意你的说法，"我反驳道："台下的听众应该是你表演的至高无上的裁判，是你崇拜的上帝。我对我的听众怀有极大的尊敬之情。"

以上就是皮尔博士与那位曾同台演出的艺人的交谈。当皮尔博士在报纸杂志上读到有关这个艺人名声下跌的消息时，他就确信，这位艺人失败的原因就在于他不尊重听众，采取与听众敌对的态度，却不是运用能够赢得人心的态度与听众进行沟通。

曾经有一位无神论者为了要证明威廉·巴利在无神论理论中的错误观点，向他发起了挑战。巴利却很安详地拿出怀表，打开表盒，说："假如我告诉你这些小杆、小齿轮和小弹簧都是由它们自己制造、自己拼凑并且开始工作的，你会不会怀疑我的智商有问题呢？当然，你一定会表示怀疑。但是，请你抬起头望一望天空中的星星，每一颗星星都有属于自己的完美而特定的运转轨道和运动方式。比如地球和其他行星每天都围绕在太阳周围运行。而每一颗星星实际上也都像太阳一样，它们都有属于自己的世界，在宇宙中，和我们的太阳系一样运转着，但不用担心它们彼此之间会相撞、干扰或者是出现混乱的现象，它们的活动是那么的安静、高效，而且还很有节奏。你认为出现这种现象是它们自己控制发生的，还是受人为的制约而将它变成这个样子的呢？"

如果他刚开始就用反驳的态度说："不要再像一头倔驴了，没有神？你根本就不知道你自己在说什么。"你认为会有什么样的结果呢？当然会引发一场口舌之争，这样的话是丝毫没有意义的。而这位无神论者也许会愤怒地坚持自己的意见，就像一只被激怒的山猫。正如奥佛斯维博士所说的那样，个人的意见轻易不会改变，如果一个人珍贵的自尊受到了威胁，那他的骄傲也就岌岌可危，因此他就必然会反抗到底。

那么，我们具体应该怎样做呢？不妨就按照巴利的做法，将我们的建议充分展示在对手面前，让他很清楚地感受到，其实我们的建议和他那已经相信的某些东西是很相似的。这样一来他就会更容易接受我们，而不是拒我们于千里之外，或是使他产生相反、对立的理念，破坏我们的演讲。

巴利十分细心地展示了他对别人的尊重，但是有很大一部分人都缺乏这种细心和本领。这些人都认为只有对敌人的城堡狂轰滥炸，将它夷为平地才能真正地占领它。可是这样做会有什么样的结果呢？如果这时对方收起吊桥，紧闭大门，英勇还击——一场流血的战争是不可避免了。但在双方艰苦作战之后，或许没有一方能获得胜利。

假如演讲者只是一味地要把自己的理念灌输到听众的心里，那么这样做只会适得其反，让听众产生相反或者是对立的理念。如果我们注意到这一点并可以避免的话，我们在以后的演讲中，说话的时候就会魅力无穷，并且会深深地影响他人。这也是我在另外一本书《人性的弱点》中曾提到过的一些可以派上用场的法则。

在你与他人的日常交谈中，你几乎每天都可以遇到和你意见相反的人。你不想在家里、在办公室、在各种各样的社交场合下都能够赢得人心，让别人和你的思想一致吗？如果答案是肯定的，你就要想一想你是否需要改变一下你的方法。例如，在说话前你应该想到：要怎样开始？你有没有借鉴那些优秀演说家们的聪明才智？如果你的回答是肯定的，那么你就是一位难得的外交人才，也是一位心思缜密的高手。还是记住威尔逊总统曾说过的一段话吧：

"假如你对我说："我们还是坐下来好好地谈一谈吧。如果我们的意见不同，就请先让我们找到彼此的原因，我们之间究竟存在着什么问题。'这样说我们立刻就能够感觉到我们之间的距离消失了，感觉我们之间的分歧也减少了许多，还增添了很多的共同点。然而我们还将会发现，只要我们有耐心，有诚意，希望彼此之间可以很顺利地进行沟通，那我们就会再一次相聚相合的。"

第十七章
即席性演讲的技巧

我曾经讲过很多次，如果你将你的力量和精神全部拿出来，展现出一种朝气蓬勃的精神状态的话，那么它会对你的心理产生很好的效果。

前不久，有一家制药公司举行新实验室落成典礼。在典礼上，公司研究处处长的六名下属都发表了演说，介绍了他们的化学家和生物学家正在进行的一些重要的研究课题——这些研究项目包括抵抗传染性疾病的新疫苗、对抗过滤性病毒的新抗生素、缓解紧张的新镇静剂。他们一般都会先在动物的身上进行试验，然后才会在人的身上进行试验，而这些试验的结果都是非常令人满意的。

参加这次聚会的包括一些商业界的领袖和政府官员，其中的一位官员对研究处的处长说："你的下属简直就是魔术师，他们的工作实在是太神奇了。但是为什么你不上去做演讲呢？"

这位处长黯然神伤地说："我只敢对着我的脚讲话，而不敢面对听众讲话。"

不料，大会主席突然提出了一个让他特别为难的要求，主席说："我们从来没有听到过研究处处长讲话，我知道他不喜欢太正式的演讲，那么现在就请处长为我们简单地说几句话吧。"

处长慢慢地站了起来，很费劲地从嘴里挤出了几句话。最后，他为这次失败的演讲而向大家道歉，这也就是他在台上所说的全部内容。

虽然处长在自己的行业中算是出类拔萃的人才，但是当他呆呆地站在台上时，他却与普通人一样，显得有些迷茫、笨拙。其实，这也没有什么大不了的，即席演讲学起来并不难。在我的训练班中，我还没有发现哪个学生学不会这一招的。因为他们刚开始的时候就拥有处长所没有的、坚决而勇敢地战胜失败的态度。然后，就需要具备一种毫不动摇的意志，可以在任何困难的情况下仍然坚决地讲出来。

你大概会说："如果在演讲之前做好充分准备并做好练习，那么就没有什么难的了，但要是在意料之外发表即席讲话，那我就真的不知所措了。"

其实，即席讲话要比经过长期准备后发表的演说更加重要。由于现在快节奏的商业需要，以及人们口头沟通自由随意性的增加，使这种即席性的发言能力必不可少。我们需要快速地组织自己的思想，并能够编造出流畅的词句。就像许多影响着今天工业和政府的决策，都不是一个人拟定的，而都是很多人在会议上当场发言、研究商定的。参加会议的人都可以发言，但在这样的场合下，你的言语就必须强劲有力，才能在会议上产生影响。这也正是即席性演讲必须要突出，并要发挥效果的原因。

最成功的即席演讲

我曾经讲过很多次，如果你将你的力量和精神全部拿出来，展现出一种朝气蓬勃的精神状态的话，那么它会对你的心理产生很好的效果。

不知道你是否注意过，在交谈的一群人当中，如果有一个人突然手舞足蹈地讲起来，那么他就会有条不紊地说个不停，甚至还是神采飞扬、精彩缤纷的，并且还会吸引一群热心、好奇的听众。

身体活动和心理活动是密切相关的。我们经常会用一些相同的词语来描述手和心理活动的关系。例如，我们说"我们抓住了一个概念"，有时我们就把这句话说成"我们领会了一个思想"。再如，"我们的身体一旦充上了电"，换种说法就是"我们充满了蓬勃的生气"，我们很快就能让心灵展开活动，这正如威廉·詹姆斯教授曾说过的那样。所以，我想告诉你，要想很容易的成为成功的即席演讲家，就得忘我地投入到演讲之中。

常常会有人拍着你的头说，"讲几句吧？说说你的观点"。它就这样毫无征兆地突如其来。有时当你正轻松愉快地欣赏着大会主持人讲话的时候，你却突然发现主持人竟在叫你的名字，让你站起来谈一谈，紧接着在场的每一个人都会望着你，当你还没有弄明白怎么回事时，就听到主持人介绍说你是下一位要演讲的人了。

在这种情况下，你的思想一定很混乱，如果有人问起什么时候最需要保持一种平静的心态？回答就是这个时候。那么具体要怎样做呢？首先，你可以向主持人致意，随便说上几句，来争取一些可以喘息的时间。然后，尽量说一些与听众有关联的话题，因为听众只会对自己和自己正在做的事情产生兴趣。所以你可以从以下三个来源中抓取一些题材，当作这次即席演讲的话题。

一是从听众身上找到题材。要想使你的演讲能够在轻松自如的环境下进行，你就一定要记住这一点：要谈论你的听众，说说他们都是什么人，正在做着什么，尤其是他们都为社会和人类做出了哪些贡献，等等。当然，不要忘记再用一个事例加以说明。

二是根据场合寻找题材。你可以在演说的时候讲讲这次聚会的缘由，比如说它是周年纪念日，或者是表扬大会，或者是一年一度的聚会，或者是政治性、爱国主义的集会，等等。

最后，如果你对前几位演讲者所提出的话题感兴趣，那么你也不妨将它再详细地叙述一遍。而最成功的即席演讲都是真正当场做出的演讲。因为演讲者所表达的内容是他对听众和场合的感想，他能够因地制宜，与听众建立亲密关系。这样的演讲方式是专门为这种场合量身定做的，它们像昙花一样在特殊的时候绽放，虽然花开后不久就凋谢不见了，但是听众所享受到的愉快会远大于此。这样，在你还没有想到以前，听众就已经把你当成即席演讲的专家了。

在心理上做好即席演讲的准备

当在你没有任何准备的情况下，被别人邀请做一场即席演讲的时候，通常情况下他们都会希望你能够在你所熟知的领域内发表一些看法。所以你最重要的问题就是勇敢面对问题，并且能够在最短的时间内使自己的思维变得清晰，想好你要说些什么。那么现在就有一个能够让你逐渐掌握其中奥秘的好方法，那就是，我们在演讲之前先要做好心理上的准备。

当你出席会议的时候，不妨先问问自己："假如有人邀请我站起来讲话，那么我应该说点什么呢？说哪方面的内容最合适呢？我应该怎样措辞来表达我对所谈论问题的态度呢？"

对于即席演讲，我对大家的第一个忠告是：要在心理上做好随时都有可能被人邀请进行即席演讲的准备。

当你有了这样的准备以后，你就需要进行不断地思考。世界上最难的事情就是思考了。不过我也相信，哪怕是有"即席演讲家"美誉的人也都是需要花费一些时间进行思考后才能够做好演讲的准备。他应该像飞行员那样，随时随地地向自己提出各式各样的问题，在一些突发的状况下能够做出冷静而精确的反应。能够成为一位令人瞩目的即席演讲家，也是由于他经过了无数次的演讲之后，才使自己的思维、知识等演讲方面的事情准备就绪。其实，这样的演讲不能算是真正的"即席演讲"，因为它是平时就准备好了的演讲！

　　既然演讲的题目是已知的，那么剩下来的工作就是要清楚地知道怎样组织演讲材料，使它们适合演讲的时间、场合。做即席演讲的时间一般都不会太长，因此第一个要考虑的就是演讲的场合了。在开始演讲的时候，你不必因为没有做好准备而道歉，因为这是意料之中的事情。你只要尽快地进入题目，迅速思考你要谈论的内容就好。如果你现在还做不到这一点，那么你一定要听听下面的忠告。

即席性演讲的技巧

　　凡是能够控制自己的普通人，都能够发表让人容易接受、有时还很精彩的即席性演讲。我们有办法帮助你在突然被人邀请讲几句话的时候，能够很流利地表达自己的思想，发表一场质量较高的演讲。

　　方法之一就是采用一些著名演员曾使用过的一种方法。

　　很多年以前，道格拉斯·费班克在为《美国杂志》写的一篇文章中介绍了一种益智类的游戏。在两年的时间里，他几乎每个晚上都会和查理·卓别林、玛丽·皮克福玩这种游戏。其实，它不单单是一个游戏，里面还包括了演讲技术中最困难的一个练习内容——站立思考。按照费班克所写，这个游戏是这样的：

　　"我们每一个人都各自在一张小纸条上写下一个题目，将纸条折好后，都混到一起。当有人抽出题目后，就要马上站起来，对于这个题目，说上一分钟。当然同一个题目不要使用两次以上。有一天晚上，我被要求必须谈'灯罩'。假如你认为这个很容易，那你不妨试一试。不过，当晚我好歹算是过了关。

　　但重要的是，通过玩这个游戏，使我们的思维变得敏捷多了，面对五花八门的题目，我们也有了更深刻的了解。而更有用的是，我们具备了根据不同的题目在瞬间就能够收集自己的知识和思想能力，我们也学会了怎样站着思考。"

　　我经常让我训练班里的学员站起来即席演讲。因为经验告诉我，这样的训练有两个作用：一是能够增强学员的信心，相信自己可以站着思考；二是经过这样的训练可以使他们在做有准备的演讲时，更加信心十足。

但是他们也都清楚，哪怕是做有准备的演讲，大脑中有时也会突然出现一片空白，但是只要他们有了即席演讲的基础，就可以重新回到原来的话题上，条理清楚地接着说下去。

所以，我们经常会这样通知学员："今晚我们要进行不同题目的演讲练习，而具体的演讲题目，只有当你们站起来的时候，才会知道。预祝大家好运！"

对于这种训练的结果通常是这样的：会计师得知自己的演讲题目是如何做广告，而广告推销员要谈论财务款项问题；老师要讨论的内容是银行业务，而银行家的演讲题目却是学校的教学工作；员工要针对生产问题发表演讲，而生产方面的专家却要探讨运输的问题。

他们是否会因为感到有些困难而最终放弃呢？答案是：这种情况从来没有发生过！他们并没有将自己看作是这方面的权威，而是经过了深思熟虑之后将题目与他们所熟悉的知识联系在一起。当他们刚开始尝试着使用这种方法演讲的时候，也许讲的不是很好，但是他们有勇气站起来，并且敢于张开嘴讲话。有一些人这样做的时候会觉得很简单，相反有一些人就感觉有些困难。不过总的来说大家都把它看成是一种兴奋和刺激，因为他们发现自己竟然能够具备并运用这些连自己都不敢相信的能力。

即席演讲的联结技巧，是我们所教授的另一个方法。它也是我们训练班中一个具有刺激性特点的方法。我们会让一个学员用他所能想象到的最奇妙的方式开始讲述一个故事，比如说："几天前，当我正驾驶直升机在天空飞行的时候，突然有一大群飞碟向我飞来，我被迫下降，但在这些飞碟当中，竟有一个小人开始向我开火。我……"

这时，铃声突然响了起来，这个学员的时间到了。接下来我们让另一个学员接着往下说，当然必须要把这个故事接下去。用这种方法来培养即席演讲的技巧，取得了很好的效果。

如果一个人能够做很多类似这样的练习，那么当他必须在众人面前发表演讲时，就能轻车熟路的应对可能发生的任何情况。

演讲不要漫无边际

如果你在演讲时不着边际地胡说八道，并且用不合乎逻辑的思维方式把一些根本联系不到一起的事情硬是扯在了一起，这样的做法不仅是行不通的，而且你的演讲也是不会成功的演讲。你应该将自己的理念围绕着一个中心进行合理的归纳，而这个中心思想是你必须要说明的。

你所列举的事例也应该与这个中心思想保持一致。同时我还要再一次地提醒大家，只有当你以真诚的态度进行演讲的时候，你才会发现自己是多么的精力充沛，演讲效果有多么的显著，即使是有准备的演讲也不能同它相比。

牢牢地记住这里的建议，你的即席演讲就能够得心应手，屡试不爽。同时，还要按照本章前面所讲的课堂训练技巧加强练习。

如果参加集会，就应该在事前做一些计划，以准备应对随时出现被别人邀请演讲的可能。如果你被邀请发表演讲，那么你最好细心留意一下别的演讲者的演讲情况。试着将自己的理念概括成为简洁的话语，只要时间一到，你就尽量将它们简单明了地讲出来。只要在事前预先将所要演讲的主题想好，那么现在只需要简明地将你想好的东西说出来就可以了。

诺曼·贝格德是一位建筑师兼工业设计师。他经常说这样一句话："如果我不站起来，我简直无法将我的思想表达出来。"比如他在办公室里向同事们说明某一项建筑或展览计划的时候，总是走来走去的，只有这样，他才能把他所要说的内容讲清楚。对于他所要学习的，竟然是怎样坐着讲话。当然他学会了！

而对于我们大多数人来说则刚好相反——我们所要学习的是如何站起来说话。当然，我们也能够学会的，这里面主要的窍门就是要有一个好的开头。例如，先做一个简短的讲话，然后再转到另一个开端，就这样一个接着一个……像这样坚持努力地做下去，我相信我们最终会发现，我们的演讲一场比一场轻松，一场比一场精彩。最后我们终于明白，其实即席性演讲就像我们在自己家的客厅里与朋友即兴聊天谈话一样，只不过所处的范围扩大了而已。